心が元気になる、5つの部活ストーリー

青春サプリ。

――このまま終わりたくない

オザワ部長・田中夕子・日比野恭三
近江屋一朗・菊地高弘 文／くじょう 絵

ポプラ社

Contents

―目次―

STORY.1

005 「交《まじ》わって響《ひび》いた」私《わたし》たちの青春！

千葉県立幕張総合高等学校　シンフォニックオーケストラ部

007 物語への序奏《じょそう》

009 衝撃《しょうげき》のオケ部初体験

012 オケ部なのに吹奏楽《すいそうがく》コンクール!?

015 2年生部長を支《ささ》えた同期の友情《ゆうじょう》

020 コンクール――吹奏楽《すいそうがく》とオーケストラと

025 勝負曲は《ダフニスとクロエ》

029 夜明けの音を聴《き》いて

032 自分の翼《つばさ》で飛ぶ！

036 《ラデツキー行進曲》は永遠《えいえん》に……

STORY.2

041 あの時の僕《ぼく》らは

鎮西高等学校　男子バレーボール部

043 あと1点

046 憧《あこが》れのエース

052 止まらない涙《なみだ》

060 先輩《せんぱい》と後輩《こうはい》

065 膝《ひざ》の痛《いた》み

069 全力を出し切る

075 颯真《そうま》の想《おも》い

077 夏輝《なつき》の挑戦《ちょうせん》

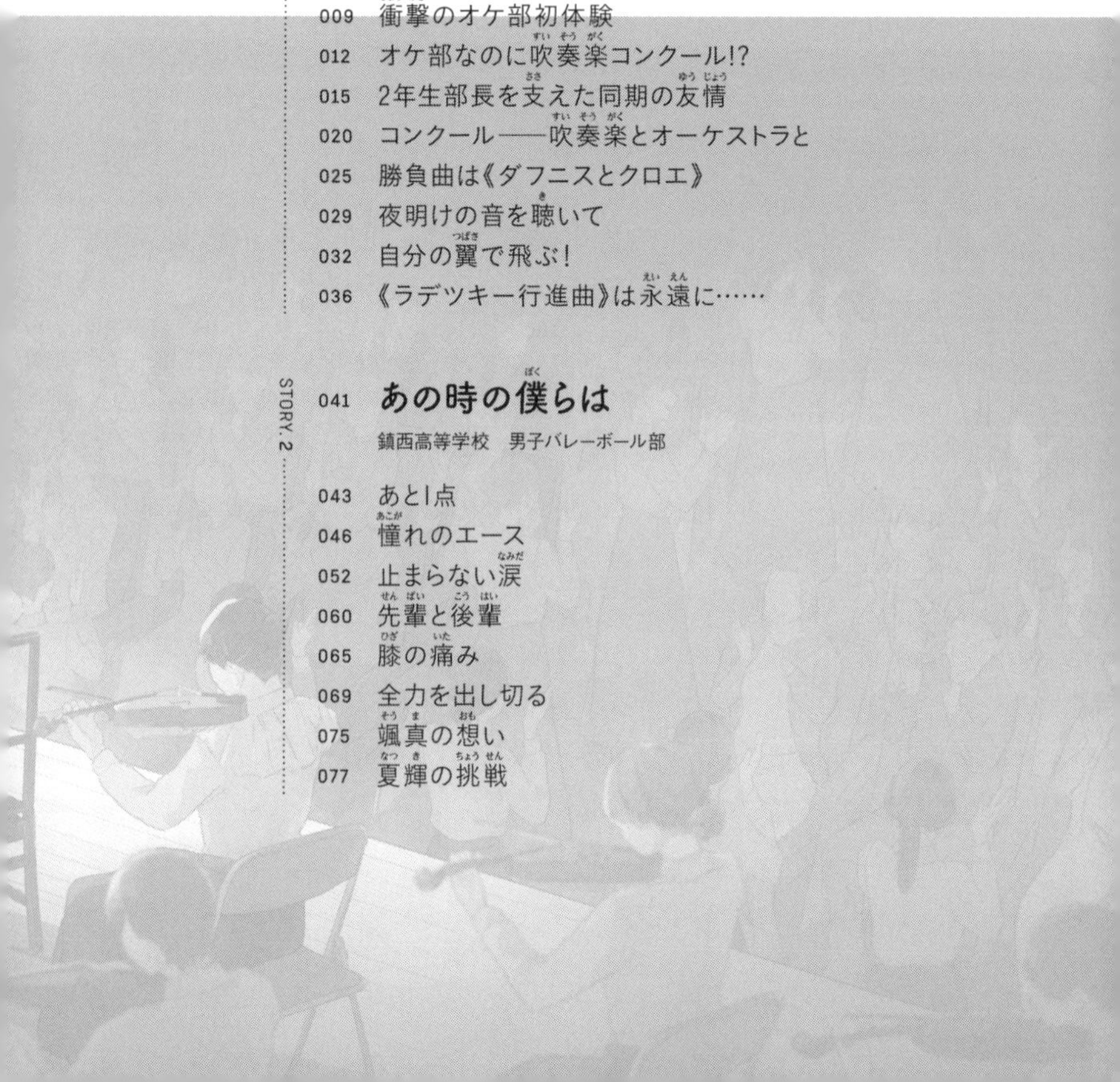

STORY. 3
079 **僕《ぼく》の進むべき道**
東京都立青鳥特別支援学校　ベースボール部
081 絶対《ぜったい》に打つ
083 野球が大好きなんだ
088 白子先輩《しらこせんぱい》
094 めちゃめちゃうまいんだな
098 久《ひさ》しぶりのヒット
104 背番号《せばんごう》「1」

STORY. 4
109 **最高の結婚式《けっこんしき》のために**
群馬県立高崎商業高等学校　ブライダル部
111 ブライダル部ってなんだ!?
116 感謝《かんしゃ》されるということ
121 結婚式《けっこんしき》、本当にやるの!?
127 最高の結婚式《けっこんしき》に向けて
133 結婚式《けっこんしき》本番!
140 結婚式《けっこんしき》を終えて

STORY. 5
143 **自分が求めていた場所**
岩倉高等学校　鉄道模型部
145 体育会系《たいいくかいけい》の文化部?
151 恥《は》ずかしがり屋のままではいられない
156 思いを断《た》ち切れない
159 鉄道模型《てつどうもけい》の甲子園《こうしえん》「鉄コン」へ!
168 朝日に照らされた奇跡《きせき》の瞬間《しゅんかん》
172 自分たちが鉄道《てつどう》を支《ささ》えていく

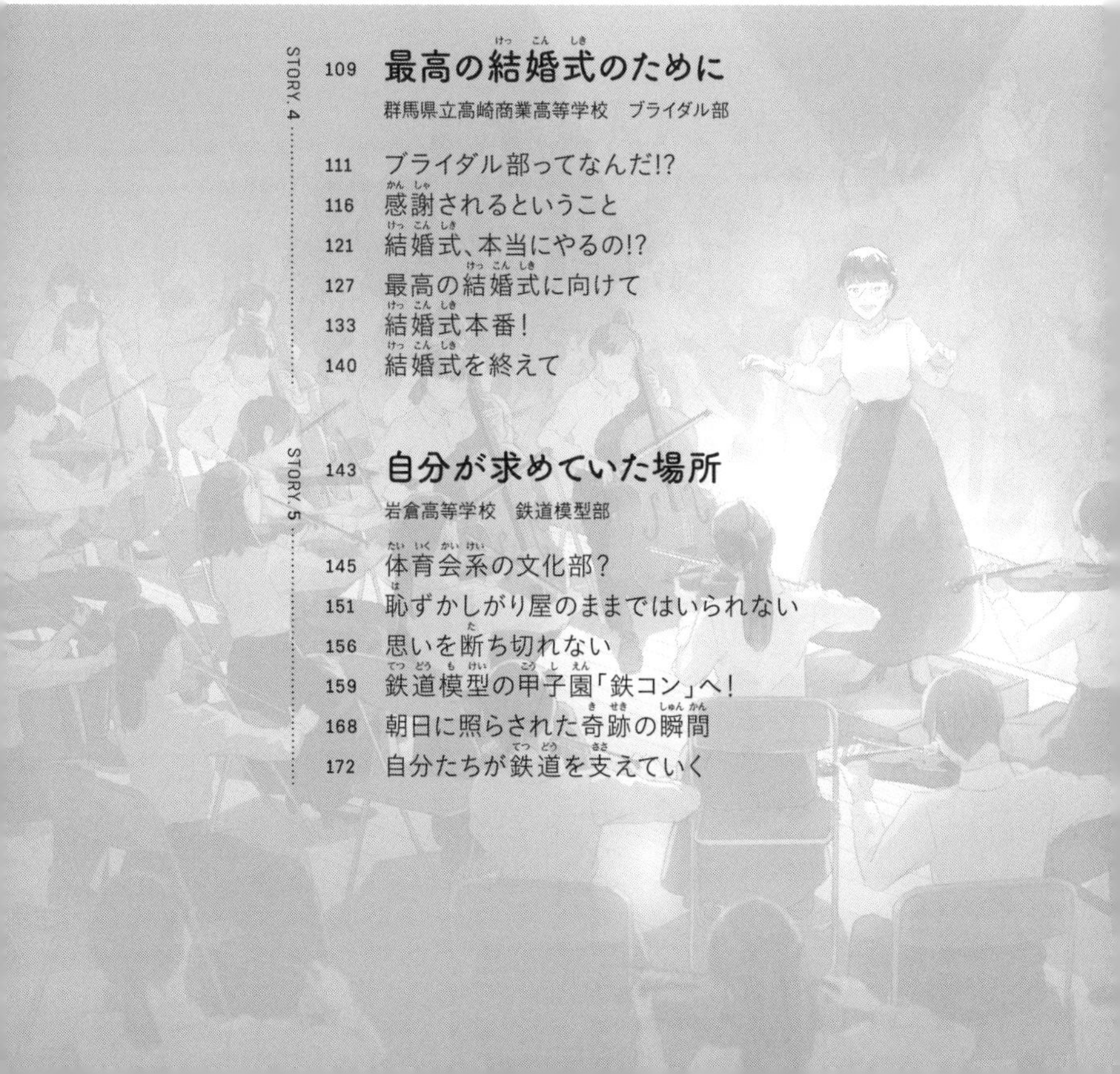

この本に収録《しゅうろく》されているストーリーは、
すべて実話《じつわ》です。

STORY. 1

「交《まじ》わって響《ひび》いた」私《わたし》たちの青春！

千葉県立幕《まく》張《はり》総《そう》合《ごう》高等学校 シンフォニックオーケストラ部

千葉県千葉市

木戸舞梨亜 Kido Maria

ホルン担当《たんとう》。
シンフォニックオーケストラ部の部長。

小田偉月 Oda Itsuki

トロンボーン担当《たんとう》。
舞梨亜《まりあ》と幼《おさな》なじみの吹奏楽《すいそうがく》経験者《けいけんしゃ》。

伊藤巧真 Ito Takuma

シンフォニックオーケストラ部の顧問《こもん》。
指揮者《しきしゃ》を務《つと》める。

西村柚希乃 Nishimura Yukino

トランペット担当《たんとう》。全日本吹奏楽《すいそうがく》
コンクールの出場経験者《けいけんしゃ》。

堀口真奈 Horiguchi Mana

ヴァイオリン担当《たんとう》。シンフォニック
オーケストラ部の副部長。

物語への序奏《じょそう》

大ホールのステージをぎっしり埋《う》め尽《つ》くす大勢《おおぜい》の奏者《そうしゃ》たち。ヴァイオリンやヴィオラ、チェロ、コントラバスといった弦楽器《げんがっき》に加え、木管楽器、金管楽器、打楽器。巨大《きょだい》な編成《へんせい》のオーケストラだ。

演奏《えんそう》されているのはヨハン・シュトラウス一世が作曲した《ラデツキー行進曲》。ウィーン・フィルハーモニー管弦楽団《かんげんがくだん》のニューイヤーコンサートで毎年アンコールに演奏《えんそう》されることで有名な曲だ。だが、その時ステージで演奏《えんそう》していたのはプロではなく、高校生たちだった。

千葉県立幕張総合《まくはりそうごう》高校シンフォニックオーケストラ部——通称《つうしょう》・幕総《まくそう》オケ部が2024年3月に開催《かいさい》した、3年生の引退公演《いんたいこうえん》でもあるスプリングコンサートのフィナーレ。

指揮台《しきだい》に立って《ラデツキー行進曲》を指揮《しき》していたのは、3年生で元部長の

「キドマリ」こと木戸舞梨亜《きどまりあ》だった。

ステージ上の奏者《そうしゃ》たちは、ある者は笑顔《えがお》になり、ある者は泣きながら演奏《えんそう》していた。その曲が終われば3年生は部活を去る。苦楽をともにした仲間たちと一緒《いっしょ》に演奏《えん》できる時間はあとわずかしかなかった。

部員たちの視線《しせん》の先では、幕総《まくそう》オケ部のリーダーであるキドマリがメガネの奥《おく》の瞳《ひとみ》をキラキラと輝《かがや》かせながら、満面の笑《え》みを浮《う》かべて指揮《しき》を続けていた——。

衝撃《しょうげき》のオケ部初体験

メガネがトレードマークで、ホルンを担当《たんとう》するキドマリが吹奏楽《すいそうがく》を始めたのは小4のときだった。当時はトロンボーンを吹《ふ》いていた。同学年のトロンボーンパートには、のちに一緒《いっしょ》に幕総《まくそう》オケ部へ入部することになる「オダ」こと小田偉月《おだいつき》もいた。卒業後はオダとともにマーチングの強豪《きょうごう》である地元の中学校の吹奏楽部《すいそうがくぶ》に加入。中1、中2で全日本マーチングコンテストに出場し、2年連続で金賞《きんしょう》を受賞《じゅしょう》した。

ところが、3年連続金賞《きんしょう》を目指していた2020年はコロナ禍《か》により吹奏楽《すいそうがく》コンクールもマーチングコンテストも中止。キドマリは鬱々《うつうつ》とした日々《ひび》を過《す》ごした。

そんなときに出会ったのが幕総《まくそう》オケ部だった。部活見学に行った時、いきいきと活動している高校生たちを見てキドマリの胸《むね》はときめいた。

「中学で悔《くや》しい思いをした分、高校では思いっきり部活したい!」

2021年4月、希望通りに幕総《まくそう》に入学したキドマリは迷《まよ》うことなくシンフォニ

全日本マーチングコンテスト
毎年11月に開催《かいさい》されるマーチングのコンテスト。全日本吹奏楽連盟《すいそうがくれんめい》と朝日新聞社が主催《しゅさい》。

ックオーケストラ部の門を叩《たた》いた。

オケ部は驚《おどろ》きに満ちていた。その年の新入部員はなんと１０３名。１学年の人数としては過去《かこ》最多の代だった。さらに、３学年合計では２６０名以上という国内最多クラスの部員数だった。３年生は受験など進路の関係で春で引退《いんたい》する者もいるため、部活は2年生が主体となって運営《うんえい》し、部長も2年生が務《つと》めることになっているのも他校ではあまりないことだった。

同期には吹奏楽《すいそうがく》やマーチングの経験者《けいけんしゃ》はもちろん、管弦楽部《かんげんがくぶ》や陸上部などさまざまな部活の出身者がいた。小学校から一緒《いっしょ》のオダ、中学時代に全日本吹奏楽《すいそうがく》コンクール出場経験《けいけん》があるトランペット担当《たんとう》の「ユッキー」こと西村柚希乃《にしむらゆきの》もいた。

「オケ部って変わってるし、本当にいろんな人がいるんだなぁ……」

キドマリは圧倒《あっとう》された気分になりながらも、期待に胸《むね》をふくらませた。

新入部員に向けて先輩《せんぱい》たちが歓迎演奏《かんげいえんそう》を披露《ひろう》してくれた。曲はリヒャルト・シュトラウス作曲《交響詩《こうきょうし》「ドン・ファン」》。吹奏楽《すいそうがく》にも編曲《へんきょく》されてよく演奏《えんそう》される曲だが、オケのサウンドには今までキドマリが聴《き》いたことのない魅力《みりょく》があった。

国内最多クラスの部員数
幕張総合《まくはりそうごう》高校は、１９９６年に隣接《りんせつ》していた公立高校３校が合併《がっぺい》して開校し、２０２４年現在《げんざい》でも生徒数が２０００人を超《こ》える大規模《だいきぼ》な単位制《たんいせい》高校である。

全日本吹奏楽《すいそうがく》コンクール
１９４０年から続く吹《すい》奏楽《そうがく》のための全国大会。全日本吹奏楽連盟《すいそうがくれんめい》と朝日新聞社が主催《しゅさい》で毎年開催《かいさい》される。

「吹奏楽《すいそうがく》も大好きだけど、オケの響《ひび》きって本当にきれい。それに、なんだかホルンの音も魅力的《みりょくてき》でかっこいい！」

キドマリは改めてオケ部のある幕総《まくそう》に入ってよかったと思った。

幕総《まくそう》オケ部の顧問《こもん》で、指揮者《しきしゃ》を務《つと》めているのは伊藤巧真《いとうたくま》先生だ。伊藤《いとう》先生は新入部員たちに向けてこんな話をしてくれた。

「なんでうちが管弦楽部《かんげんがくぶ》という名前じゃないかわかるかな？　シンフォニックというのは『交響的《こうきょうてき》な』という意味で、交響《こうきょう》は『交《まじ》わって響《ひび》く』と書きます。うちは、演奏《えんそう》はもちろん、人と人、心と心が交《まじ》わって響《ひび》くことを大切にしているから、シンフォニックオーケストラ部なんです」

伊藤《いとう》先生の言葉はキドマリの心に深く刻《きざ》まれた。

「そういう意味だったんだ。私《わたし》も『交《まじ》わって響《ひび》く』ことを忘《わす》れずに活動しよう」

こうしてキドマリの幕総《まくそう》オケ部生活はスタートしたのだった。

オケ部なのに吹奏楽《すいそうがく》コンクール!?

幕総《まくそう》オケ部には年間に4つの大きなイベントがある。7月の定期演奏会《えんそうかい》、8月から始まる吹奏楽《すいそうがく》コンクール、10月または11月に行われる日本学校合奏《がっそう》コンクール、そして、3月のスプリングコンサートだ。

「へぇ、オケ部なのに吹奏楽《すいそうがく》コンクールにもガチで挑《いど》んでるんだ」

キドマリは意外に感じた。日本学校合奏《がっそう》コンクールはオーケストラ編成《へんせい》で出場できる大会だが、吹奏楽《すいそうがく》コンクールにはヴァイオリンやヴィオラ、チェロといった弦《げん》楽器《がっき》は出場できない。それでも、木管・金管・打楽器だけでも100人以上いるオケ部は余裕《よゆう》で吹奏楽編成《すいそうがくへんせい》を組むことができる。

実は、幕総《まくそう》オケ部は2011年と2013年に「吹奏楽《すいそうがく》の甲子園《こうしえん》」とも呼《よ》ばれる全日本吹奏楽《すいそうがく》コンクールに出場したことがあり、いずれも最高賞《さいこうしょう》の金賞《きんしょう》を受賞《じゅしょう》していた。ここしばらく全国大会からは遠ざかっていたが、その一歩手前の東関東大会

日本学校合奏《がっそう》コンクール
楽器編成《へんせい》などによる出場制限《せいげん》を設けない小学生、中学生、高校生に向けたコンクール。主催《しゅさい》は日本学校合奏《がっそう》コンクール委員会。

東関東大会
千葉県の高校の場合、全日本吹奏楽《すいそうがく》コンクールの全国大会に出場するためには、順番に千葉県吹奏楽《すいそうがく》コンクール予選大会、千葉県吹奏《すいそう》楽《がく》コンクール本選大会、東関東吹奏楽《すいそうがく》コンクールの審査《しんさ》がある。

で金賞《きんしょう》を取り続けている。県内屈指《くっし》の「吹奏楽《すいそうがく》」の強豪校《きょうごうこう》でもあるのだ。

東関東から全国大会に出られる代表校は3校だけだが、幕総《まくそう》オケ部なら再《ふたた》び代表の座《ざ》を手に入れ、日本中の吹奏楽部員《すいそうがくぶいん》が憧《あこが》れる夢《ゆめ》の舞台《ぶたい》に出場することも夢《ゆめ》ではないとキドマリは思った。

吹奏楽《すいそうがく》コンクールには55人という人数制限《せいげん》がある。参加を希望する部員はエントリーシートを提出《ていしゅつ》し、先生によるオーディションを受ける。この年、1年生の中からコンクールメンバーに選ばれたのは3名のみ。その中にキドマリも含《ふく》まれていた。

キドマリはハイレベルな技術《ぎじゅつ》を持つ先輩《せんぱい》たちに囲《かこ》まれ、必死に練習を重ねた。

「ふだんから弦楽器《げんがっき》と一緒《いっしょ》に練習してる幕総《まくそう》オケ部の音はほかの学校とは違《ちが》う。唯一無二《ゆいいつむに》のサウンドだな」

合奏《がっそう》するたびにそんな喜《よろこ》びを覚えた。

この年、幕総《まくそう》オケ部は課題曲に平山雄一《ひらやまゆういち》作曲《トイズ・パレード》、自由曲にヨハン・セバスチャン・バッハ作曲《トッカータとフーガ　ニ短調》を選び、吹奏楽《すいそうがく》コンクールに挑《いど》んだ。課題曲と自由曲の2曲を12分以内で演奏《えんそう》するのがコンクールのルールだ。《トッカータとフーガ》はもともとはオルガン用の曲だが、それを吹《すい》奏楽用《そうがくよう》に編曲《へんきょく》した楽譜《がくふ》を演奏《えんそう》した。

幕総《まくそう》オケ部は8月の千葉県大会を突破《とっぱ》し、9月に東関東大会に出場した。全国大会出場をかけた重要な大会だ。本番でキドマリは後悔《こうかい》のない演奏《えんそう》ができたし、全体の出来もよかったと感じた。審査《しんさ》の結果、金賞《きんしょう》を受賞《じゅしょう》。だが、代表校には選ばれなかった。東関東大会止まりは8年連続となった。

悔《くや》しさに涙《なみだ》する先輩《せんぱい》たちの姿《すがた》を見ながら、キドマリは思った。

「全力を出し切れても、結果に結びつかないことがあるんだな……。今感じてる思いを忘《わす》れず、来年こそは全国大会に行こう」

だが、キドマリはその後、自分が想像《そうぞう》していた以上の重圧《じゅうあつ》に苦しむ2年間を送ることになったのだった。

2年生部長を支《ささ》えた同期の友情《ゆうじょう》

2022年春、キドマリは高2になった。

もともと同期の中でもリーダー的な存在《そんざい》だったキドマリは、新部長を選ぶ選挙で立候補《りっこうほ》。ほかに立候補者《りっこうほしゃ》はなく、投票でもみんなの信任《しんにん》を受けて新部長に決まった。

副部長にはクラリネット担当《たんとう》の「スガイ」こと須貝美咲《すがいみさき》、ヴァイオリン担当《たんとう》の「マナ」こと堀口真奈《ほりぐちまな》が選ばれた。スガイは管打楽器、マナは弦楽器《げんがっき》のリーダーとなり、キドマリは部活全体を取り仕切るという役割分担《やくわりぶんたん》だ。

1年生も入部し、この年も幕総《まくそう》オケ部は200名をゆうに超《こ》える大所帯となった。キドマリの責任《せきにん》は重大だった。

7月の定期演奏会《えんそうかい》までキドマリは先代の部長に指導《しどう》を受け、演奏会後《えんそうかいご》に正式に部《ぶ》長職《ちょうしょく》を任《まか》された。ところが、幕総《まくそう》オケ部の部長という立場は想像《そうぞう》以上に大変だった。

名前と顔を一致《いっち》させるのも難《むずか》しいほど大勢《おおぜい》の部員をまとめ、伊藤《いとう》先生の指示《しじ》や意向を伝え、副部長やパートリーダーといった主要メンバーを統率《とうそつ》しなければいけない。コンクールメンバーとして幕総《まくそう》オケ部の全国大会出場を成し遂《と》げなければならない。１人の奏者《そうしゃ》としてホルンの演奏技術《えんそうぎじゅつ》を磨《みが》かなければならない……。

それらすべてを完璧《かんぺき》にこなすのは至難《しなん》の業《わざ》だった。

部活がうまく回っていなかったり、何か問題が起こったりした時に、まず叱《しか》られるのは部長だ。ある時は伊藤《いとう》先生にこんなことを言われた。

「木戸は楽器は上手だけど、運営《うんえい》の仕事はお粗末《そまつ》だな。このままだとコンクールでも全国には行けないよ」

伊藤《いとう》先生の言葉は図星だった。

（私《わたし》はみんなに厳《きび》しいことをズバッと言うこともできない。人を頼《たよ》るのが下手だから、自分１人で抱《かか》え込《こ》んでテンパっちゃうし……。部長失格《しっかく》だ！）

キドマリは自分を責《せ》めた。

キドマリは食べることが大好きだったが、昼休みにお弁当《べんとう》が喉《のど》を通らないことが増《ふ》えた。自己嫌悪《じこけんお》が頂点《ちょうてん》に達すると、教室や廊下《ろうか》の壁《かべ》に頭をコツコツぶつけたり、自分の手で頭をポカポカ叩《たた》いたりすることもあった。

そんなキドマリの様子を、小学校から一緒《いっしょ》のオダは心配そうに見守っていた。

(もともと1人で悩《なや》んじゃうタイプだし、最近は空回りしてることが多いな……。もしキドマリに何かあったら、絶対《ぜったい》私《わたし》が味方になってやろう)

2年生ですでに管楽器の花形であるトランペットの1st《ファースト》トップ奏者《そうしゃ》に抜擢《ばってき》されていたユッキーは、キドマリと同じクラスでもあり、苦しむ様子を間近で見てきた。

(高1のころは帰り道が一緒《いっしょ》でよく話もしたから、キドマリが真面目《まじめ》で考え込《こ》む人なのはわかる。きっと必要以上にネガティブになっちゃうんだろうな。その点、私《わたし》はポジティブ体質《たいしつ》だから、キドマリが元気になってくれるように励《はげ》ましていこう)

オダとユッキーは同じ金管楽器担当《たんとう》ということもあって、キドマリを見守り、支《ささ》えてくれた。

もう1人、キドマリの救《すく》いになったのは副部長のマナの存在《そんざい》だった。

高1の時は管楽器と弦楽器《げんがっき》で接点《せってん》はあまりなかったが、リーダーになったのをきっかけに会話する機会が増《ふ》えた。キドマリは音大進学を考えるようになっていたが、マナも同じだったため、進路のことでもよく情報交換《じょうほうこうかん》をした。

マナはしっかり者で、責任感《せきにんかん》が強い部員だった。

「ねぇ、キドマリ、これできてる？　やらなくていいの？」

キドマリがうっかり仕事を忘《わす》れていると、マナは気づいて声をかけてくれた。

「ごめん、忘《わす》れてた……。やっぱり私《わたし》、ダメだなぁ」

キドマリが自嘲《じちょう》気味に言うと、マナはこう励《はげ》ましてくれた。

「大丈夫《だいじょうぶ》。私《わたし》、キドマリならもっとできるってわかってるから」

マナの期待と信頼《しんらい》は、キドマリにとって最大のエールだった。自分もマナのように責任感《せきにんかん》を持って動かなければ、と気持ちを引き締《し》めた。

時にはマナのほうがその責任感《せきにんかん》に押《お》しつぶされてしまうこともあった。

弦楽器《げんがっき》にとっては秋の日本学校合奏《がっそう》コンクールが最大の大会になるが、管打楽器の主力が吹奏楽《すいそうがく》コンクールに注力する中、マナが弦楽器《げんがっき》全体をまとめなければならない。日本学校合奏《がっそう》コンクールには3年生が出場しないため、頼《たよ》れる上級生もいない。マナもキドマリとはまた違《ちが》ったプレッシャーに苛《さいな》まれていたのだ。

ある日の朝、マナから「学校に行きたくない。涙《なみだ》が止まらない」とメッセージが来た。キドマリはすぐにマナに電話をかけた。

「つらいのはわかるよ。私《わたし》もできる限《かぎ》り力になるから、学校に来なよ」

そう語りかけた結果、マナは登校してきてくれた。キドマリはマナが自分を頼《たよ》ってくれたこと、自分が力になれたことがうれしかった。

（こんなふうにヴァイオリンの子と仲良くなれたのも、励《はげ》まし合えるのも、やっぱりオケ部ならではだよね）

キドマリは改めて幕総《まくそう》オケ部に入ってよかったと思った。

コンクール——吹奏楽《すいそうがく》とオーケストラと

夏になり、吹奏楽《すいそうがく》コンクールのシーズンが始まった。この年のコンクールメンバーにはキドマリのほか、オダやユッキーも選ばれていた。オダはトロンボーンの、ユッキーはトランペットのトップ奏者《そうしゃ》として演奏《えんそう》を引っぱっていく立場でもあった。

この年は課題曲が鈴木雅史《すずきまさふみ》作曲《マーチ「ブルー・スプリング」》、自由曲がモーリス・ラヴェル作曲《道化師《どうけし》の朝の歌》だった。《道化師《どうけし》の朝の歌》はもともとピアノのための曲で、それをラヴェル自身がオーケストラ用に編曲《へんきょく》。さらにそれを伊藤《いとう》先生が吹奏楽《すいそうがく》用に編曲《へんきょく》した楽譜《がくふ》を演奏《えんそう》するのだ。

オーケストラの曲——俗《ぞく》に言うオケ曲は、幕総《まくそう》オケ部にとっては親しみがあり、また、理解《りかい》しやすいものだ。吹奏楽《すいそうがく》で演奏《えんそう》する上では、弦楽器《げんがっき》のパートをクラリネットやサクソフォン、ユーフォニアムなどが担当《たんとう》するのだが、演奏《えんそう》の仕方や表現《ひょうげん》方法などを弦楽器奏者《げんがっきそうしゃ》に相談することができる。実際《じっさい》に弾《ひ》いてもらうこともできる。

なにより、日常的《にちじょうてき》にヴァイオリンやヴィオラ、チェロの音を耳にしており、その美しい響《ひび》きをイメージしながら吹《ふ》くことができるのだ。

「今年は全国大会に行く年だからな」

先生はそう宣言《せんげん》し、時に厳《きび》しく55人のコンクールメンバーを指導《しどう》した。合奏《がっそう》練習の途中《とちゅう》、キドマリはホルンの席からみんなを見回し、ふと淋《さび》しさを覚えた。

（3年の先輩《せんぱい》にとってはこれが高校生活最後のコンクール。それに、同期の中にも『来年はコンクールに出ない』『受験に専念《せんねん》したい』って言ってる子もいる。私《わたし》は来年も出るけど、このメンバーで演奏《えんそう》できる時間は長くないんだ……。だからこそ、全国大会に行かなきゃ！）

しかし、そんなキドマリの思いとは裏腹《うらはら》に、この年のコンクールでも幕総《まくそう》オケ部は東関東大会で代表には選ばれなかった。9年連続の東関東止まりだ。

キドマリはまたも先輩《せんぱい》や仲間たちの悔《くや》し涙《なみだ》を目にし、部長としての責任《せきにん》を感じた。そして、「来年こそは必ず！」と心の中でリベンジを誓《ちか》ったのだった。

吹奏楽《すいそうがく》コンクールが終わった後、幕総《まくそう》オケ部は今度はオーケストラ編成《へんせい》で11月の日本学校合奏《がっそう》コンクール・グランドコンテストに挑《いど》んだ。第1回から1位の文部科《もんぶか》学大臣賞《がくだいじんしょう》を連続受賞《じゅしょう》してきており、この年は10連覇《れんぱ》がかかった大会だった。

メンバーにはキドマリたちはもちろん、ヴァイオリンのマナも入っていた。マナたち弦楽器《げんがっき》パートの2年生が出場する大会は高校生活でこれが最後だ。

（もうマナと一緒《いっしょ》に大会の舞台《ぶたい》に出ることはないんだな……）

キドマリは合奏《がっそう》練習の最中にふとそんなセンチメンタルな思いにとらわれた。

この年の演奏曲《えんそうきょく》はリムスキー＝コルサコフ作曲《シェヘラザード 第4楽章「バグダッドの祭り。海。船は青銅《せいどう》の騎士《きし》のある岩で難破《なんぱ》。終曲」》だった。海や船に関連する曲だったので、「みんなで大航海《だいこうかい》をしよう！」を合言葉に練習を重ねた。

そして、グランドコンテストに出場。マナがリーダーとして苦しみながらまとめ上げた弦楽器《げんがっき》パートと、吹奏楽《すいそうがく》コンクールを通じてレベルアップしたキドマリたち管打楽器パートが融合《ゆうごう》し、ステージ上に「音の大航海《だいこうかい》」を描《えが》き出した。

審査《しんさ》結果は金賞《きんしょう》、そして、目標だった文部科学大臣賞《もんぶかがくだいじんしょう》を受賞《じゅしょう》！

幕総《まくそう》オケ部は他の追随《ついずい》を許《ゆる》さない10連覇《れんぱ》を達成したのだった。

日本学校合奏《がっそう》コンクールが終わると、キドマリたちは今度はアンサンブルコンテストに向けて走り始めた。アンサンブルは3～8人という少人数で、指揮者《しきしゃ》無しで演奏《えんそう》する形態《けいたい》のこと。冬から春にかけて行われるアンサンブルコンテストには、アンサンブルそのものの音楽性《おんがくせい》を競いつつ、新年度に向けて個人《こじん》の演奏力《えんそうりょく》を高める意味もある。吹奏楽《すいそうがく》コンクールと同じように予選を勝ち抜《ぬ》いた先には「全日本アンサンブルコンテスト」という全国大会がある。

キドマリはオダ、ユッキーたちとともに金管八重奏《はちじゅうそう》チームを結成し、演奏曲《えんそうきょく》《パラレルワールド～ブラスアンサンブルのための～》（小長谷宗一《こながやそういち》作曲）の練習を開始した。リーダーはオダだ。

曲は難《むずか》しく、なかなか思うような演奏《えんそう》ができなかった。メンバー8人の意見が合わず、喧嘩《けんか》になったこともあった。それでも、真剣《しんけん》に練習を重ねるうちに8人の気持ちは寄《よ》り添《そ》い合うようになっていった。みんなで海へ行き、沖に向かって「がん

全日本アンサンブルコンテスト
木管楽器、金管楽器、打楽器、コントラバスによるアンサンブルを対象《たいしょう》としたコンテスト。全日本吹奏楽連盟《すいそうがくれんめい》と朝日新聞社が主催《しゅさい》で毎年開催《かいさい》される。

ばるぞー!」と叫《さけ》んだり、一緒《いっしょ》に学割《がくわり》500円のラーメンを啜《すす》ったりした。

演奏《えんそう》がまとまっていくのと比例《ひれい》して、8人の結束力も高まった。

その結果、キドマリたち金管八重奏《はちじゅうそう》チームは県大会、東関東大会を突破《とっぱ》。見事、全日本アンサンブルコンテストへの出場が決まったのだった。

3月中旬《ちゅうじゅん》に静岡県浜松《はままつ》市で行われた全国大会、キドマリたちは、幕総《まくそう》オケ部らしい華《はな》やかで上品な音を会場に響《ひび》かせた。審査《しんさ》結果は銀賞《ぎんしょう》。悔《くや》しさは感じたが、8人のメンバーは新年度につながる大きな経験《けいけん》を手にしたのだった。

勝負曲は《ダフニスとクロエ》

2023年4月、いよいよキドマリたちは高3になった。新入部員も入り、幕総《まくそう》オケ部は254名と相変わらずの大所帯だった。

「1年の時から吹奏楽《すいそうがく》コンクールで味わってきた悔《くや》しさを、今年こそはどうにかしたい。これまでの経験《けいけん》すべてを活《い》かしたいし、きっと私《わたし》にしかできないことがあるはず」

キドマリの心は燃《も》えていた。

この年、吹奏楽《すいそうがく》コンクールには課題曲として牧野圭吾《まきのけいご》作曲《行進曲「煌《きら》めきの朝」》、自由曲には昨年に続くラヴェル作品で、「ダフクロ」「ダフニス」と略称《りゃくしょう》で呼《よ》ばれる《バレエ音楽「ダフニスとクロエ」第2組曲より 夜明け、全員の踊《おど》り》で挑《いど》むことになった。

《ダフニス》は吹奏楽《すいそうがく》コンクールでは頻繁《ひんぱん》に演奏《えんそう》され、多くの名演《めいえん》が残されている曲。幕総《まくそう》オケ部が得意《とくい》とするオケ曲だ。実は2019年にもこの曲を演奏《えんそう》したことがあった。その時は全国大会出場は叶《かな》わなかった。リベンジの思いはありながらも、「また落ちたら……」という一抹《いちまつ》の不安も感じさせる選曲だった。

「とにかく、やるしかねえな！」

キドマリは意気込《いきご》んだ。勝負をかけるべき時が来たのだ。

7月の定期演奏会《えんそうかい》が終わると、部内の体制《たいせい》は大きく変わった。キドマリは部長の座《ざ》を後輩《こうはい》に譲《ゆず》った。今後も新幹部《しんかんぶ》をサポートし、部を率《ひき》いていく立場であることには変わりないが、やはりちょっと肩《かた》の荷が下りた。また、全国大会を目指す吹奏楽《すいそうがく》コンクールのA部門に参加しない3年生の管打楽器奏者《そうしゃ》、弦楽器奏者《げんがっきそうしゃ》はここで仮引退《かりいんたい》となった。

あんなにたくさんいた同期が、たった22人だけになってしまった。いつもキドマリを支《ささ》えてくれたマナもいない。

「淋《さび》しいけど、残った同期と団結《だんけつ》していこう」

今年こそは全国大会に出場したい。日本中の吹奏楽《すいそうがく》部員や関係者、吹奏楽《すいそうがく》ファンが注目するステージに「幕張総合高校《まくはりそうごう》シンフォニックオーケストラ部」という名前と音楽を刻《きざ》みつけたい。

キドマリに残されたチャンスはもうこれが最後なのだ。


コンクールに向けて、厳《きび》しい練習の日々《ひび》が続いた。

オダはトロンボーンパートのメンバーたちとともに苦闘《くとう》していた。特に難《むずか》しかったのは、課題曲の中に登場するトロンボーンだけのハーモニー。全員の音がなかなかきれいな和音になってくれない。伊藤《いとう》先生からは何度もそこを指摘《してき》され、全員が自信をなくしかけた時があった。

「私《わたし》、もうメンバーから降《お》りたい……」

昼休みに弁当《べんとう》を食べている時、急に1人の3年生が泣き始めた。

「そんなこと言わないでよ。きっとうまくできるようになるから、もうちょっと一《いっ》緒《しょ》にがんばろうよ」

オダも思わず涙《なみだ》を流しながら仲間を引き止めた。

一方、トランペットのユッキーもトップ奏者《そうしゃ》としての責任《せきにん》を感じていた。一年生のころから「幕総《まくそう》はトランペットが弱い」と言われ続け、昨年はほかのパートから「ラッパ、ちゃんとやってよ！」と厳《きび》しく言われることもあった。

（トランペットが弱いのは、トップである私《わたし》のせいだ。いろいろ指摘《してき》されてパートのメンバーが泣いてるのも私《わたし》のせいだ……）

ユッキーも深く悩《なや》んだ。だからこそ、今年にかける思いは強かった。

（今までの屈辱《くつじょく》を晴らすためにも、私《わたし》の演奏《えんそう》でみんなを引っぱっていこう！）

ほかのパートもそれぞれに課題や悩《なや》みを抱《かか》えていた。

みんなが行き詰《づ》まりそうになった時、救《すく》いになったのは仮引退《かりいんたい》した弦楽器《げんがっき》パートの子たちだった。メンバーを元気づけるため、お菓子《かし》を差し入れしてくれるのだ。

キドマリが受け取ったお菓子《かし》の袋《ふくろ》には「愛してるよ」と書かれていた。チェロ担《たん》当《とう》の半田澪奈《はんだれな》からのメッセージだった。

（同期っていいな。支《ささ》えてくれる仲間がいるから、私《わたし》たちはがんばれるんだ）

キドマリの胸《むね》はほんのり温かくなった。

夜明けの音を聴《き》いて

コンクールの夏が、またやってきた。

幕総《まくそう》オケ部は順調に千葉県大会を突破《とっぱ》。東関東大会に向け、夏休みの後半に福島県の猪苗代湖《いなわしろこ》付近の施設《しせつ》で合宿を行った。

まだ課題は多く残されていた。キドマリは3年生を集めてこう語った。

「このままじゃダメだよね。最後だとは思いたくはないけど、もしかしたら本当に東関東が最後になっちゃうかもしれないよ」

オダやユッキーを含《ふく》めた21名の同期が頷《うなず》いた。誰《だれ》もが「ここで変わらなきゃいけない」と思っているのがわかった。

すると、伊藤《いとう》先生から「夜明けを見よう」という提案《ていあん》があった。課題曲の曲名は《煌《きら》めきの朝》だし、自由曲の《ダフニス》も最初は《夜明け》から始まる。

コンクールメンバーは早朝に起床《きしょう》し、みんなで外に出た。内陸の猪苗代《いなわしろ》では、日の出は山の向こうからやってくる。最初はおしゃべりをしていたメンバーだが、空が徐々《じょじょ》に白み始めると、自然と無言になった。

すると、最初は空を雲が覆《おお》っていたのに、まるで奇跡《きせき》のように晴れ渡《わた》った。そして、山の向こうから神々《こうごう》しい太陽が顔をのぞかせた。

（これが私《わたし》たちの表現《ひょうげん》しようとしている本物の夜明けなんだな）

オダはその光景に目を奪《うば》われた。

「すごいね……」とユッキーが目を輝《かがや》かせながらつぶやいた。

キドマリの耳には《ダフニス》が聞こえてきた。自分たちが演奏《えんそう》しているようでもあったし、そうでない気もした。もしかしたら、今聞こえている音楽は、いずれ自分たちが演奏《えんそう》することになる《ダフニス》なのかもしれない――。

（きっと私《わたし》たちは変われる。この夜明けを、音にできる！）

キドマリはそう確信《かくしん》した。

自分の翼《つばさ》で飛ぶ！

夏休みは終わり、勝負の９月。幕総《まくそう》オケ部は東関東大会が行われる茨城県水戸《みと》市のホールにやってきた。

この大会には千葉県・神奈川県・栃木県・茨城県から代表校が24校集まる。全国大会に出場できるのは３校だけ。幕総《まくそう》オケ部の出場順は９番だった。

そこにいるのは、もう以前の幕総《まくそう》オケ部ではなかった。猪苗代《いなわしろ》で夜明けを見た後、伊藤《いとう》先生が語った言葉がメンバーを大きく変えた。

「実は今年はずっとみんなに自主性《じしゅせい》を持ってもらおう、自発的に音楽づくりをしてもらおうと思って指導《しどう》してきた。先生のための音楽じゃない、みんなのための音楽だから。東関東大会でやってもらいたいのは『自分の翼《つばさ》で飛ぶ』ということだよ」

先生に引っぱってもらうのではない。先生以上に演奏《えんそう》にこだわり、「自分はこうしたい」という意志《いし》をはっきり示《しめ》す。そして、１人ひとりが自分の翼《つばさ》で飛ぶ――。

なんて素敵《すてき》なことだろう。自分たちは自分の翼《つばさ》で飛んでいいのだ。飛べるのだ！

そんな喜《よろこ》びと自信を持って、キドマリたちはステージに出た。

客席で多くの観客が見守る中、幕総《まくそう》オケ部の演奏《えんそう》が始まった。課題曲と自由曲合わせて12分間。そこには、まさに猪苗代《いなわしろ》で見た夜明けのような輝《かがや》きが満ちていた。

ユッキーはひな壇《だん》の一番上の席でトランペットを吹《ふ》いていた。その位置からはホルンのキドマリやほかのメンバーたちの姿《すがた》がよく見える。伊藤《いとう》先生の表情《ひょうじょう》は緊張《きんちょう》しながらも、指揮棒《しきぼう》を小さく振《ふ》っているのがわかった。自分は指揮《しき》で引っぱらないからみんなのやりたいように演奏《えんそう》しなさい、という意志表示《いしひょうじ》だった。

ユッキーの隣《となり》にはトロンボーンの1st《ファースト》奏者《そうしゃ》であるオダがいた。いつも視界《しかい》の隅《すみ》にはオダの演奏《えんそう》する姿《すがた》が見え、音が聞こえていた。

（私《わたし》がトランペットをどう吹《ふ》いたって、オダのトロンボーンが支《ささ》えてくれる。だから、大丈夫《だいじょうぶ》。思いきって吹《ふ》こう！）

ユッキーの音は幕総《まくそう》オケ部全体を引っぱるように響《ひび》き渡《わた》った。

（あぁ、このまま終わらなければいいのに。ずっとみんなと吹《ふ》いていたい……）

キドマリは演奏《えんそう》しながらそう思っていた。

こんなに楽しく、こんなに解放された気分で楽器を奏《かな》でられたことはなかった。これまでの厳《きび》しい練習、これまでの悔《くや》しい経験《けいけん》は今のためにあったのだと思えた。猪苗代《いなわしろ》で夜明けの太陽に向かっている時耳に聞こえてきた《ダフニス》を、いまキドマリたちは確《たし》かに形にしていた。あの雄大《ゆうだい》な夜明けを、音にしていた。

そして、1人ひとりが背中《せなか》に羽を持ち、高く羽ばたいていた——。

気づくと演奏《えんそう》は終わり、客席から信じられないほど大きな喝采《かっさい》がおくられていた。キドマリたちは「やりきった」という表情《ひょうじょう》を浮《う》かべ、決戦の舞台《ぶたい》を降《お》りたのだった。

表彰式《ひょうしょうしき》は部の代表者が2名ステージに出ることになっている。キドマリは自分は出ずに、オダと「オカウチ」ことクラリネット担当《たんとう》の岡内芙生子《おかうちふうこ》を行かせた。それぞれ金管と木管のリーダーとして苦労してきた2人だった。そして、自分はほかのメンバーたちと一緒《いっしょ》に客席で発表を見守った。

審査結果《しんさけっか》は、金賞《きんしょう》だった。そして、全国大会に出場する代表校の発表では——。

「9番、千葉県代表、県立幕張総合高等学校《まくはりそうごうこうとうがっこう》！」

ついにその名前がアナウンスされた。前回から10年ぶり、3回目となる全国大会への出場が決まったのだ！

客席にいる部員たちは思わず「キャーッ！」と叫《さけ》んだ。キドマリは反射的《はんしゃてき》に両手で顔を覆《おお》った。涙《なみだ》がとめどなくあふれ出してくる。

「本当に……本当に……!?」

キドマリはうわ言のように繰《く》り返した。現実《げんじつ》とは思えなかった。夢《ゆめ》を見ているのだろうか？　だが、周りではみんなが大喜《おおよろこ》びしている。先生も喜《よろこ》んでいる。ユッキーは顔をびしょびしょにしながらトランペットの仲間と抱《だ》き合っている。ステージ上のオダとオカウチも満面の笑《え》みを浮《う》かべていた。

（これは現実《げんじつ》なんだ！　私《わたし》たち、とうとう夢《ゆめ》を叶《かな》えたんだ！）

そう思うと、キドマリの目からはまた涙《なみだ》がこぼれた。

まるで、空を飛んでいるみたいな気分だった。そうだ、私《わたし》たちはまだ飛べる。もっともっと高く、遠くまで飛べる。全国大会でも、思いっきり飛ぼう！

《ラデッキー行進曲》は永遠《えいえん》に……

２０２４年春。長いようで短かった幕総《まくそう》オケ部での時間も、もう終わろうとしていた。

キドマリは晴れ晴れとした気分で部活生活を振《ふ》り返った。

（音楽っていいなぁ。このオケ部でみんなと関わったことが私《わたし》を成長させ、今の私《わたし》を作ってくれた。音楽を通じてお互《たが》いを知り、高め合い、愛情《あいじょう》を持ってつながることができた。そして、自分の翼《つばさ》で飛ぶことができた――）

10月には念願だった「吹奏楽《すいそうがく》の甲子園《こうしえん》」、全日本吹奏楽《すいそうがく》コンクールに出場した。直前に学校で本番さながらの練習をした時には、マナが見にきてくれた。そして、キドマリたちの演奏《えんそう》を聴《き》きながら号泣《ごうきゅう》した。

演奏《えんそう》が終わったあとで、マナは「一緒《いっしょ》にがんばってきたみんなの姿《すがた》を見てるだけで泣けてきちゃった」と言った。その涙《なみだ》が、キドマリにさらなる力をくれた。

全国大会の本番前には、伊藤《いとう》先生が「もうこれが最後だから、自分の翼《つばさ》で飛んでいけ」と言い、55名のメンバーは「はい!」と大きく返事をした。

そして、キラキラ輝《かがや》く夢《ゆめ》のステージで、幕総《まくそう》オケ部は東関東大会以上に飛翔《ひしょう》した。シンフォニックオーケストラ部の名の通り、「交《まじ》わって響《ひび》いた」限《かぎ》りなく美しい演《えん》奏《そう》だった。

表彰式《ひょうしょうしき》にはキドマリと副部長のスガイが出た。キドマリは「どんな審査《しんさ》結果が出ても、決して暗い顔はしない!」と心に誓《ちか》っていた。

「10番、東関東代表、千葉県立幕張総合《まくはりそうごう》高等学校——ゴールド金賞《きんしょう》!」

客席から響《ひび》く仲間たちの歓喜《かんき》の声を聞きながら、キドマリは笑顔《えがお》で表彰状《ひょうしょうじょう》を受け取った。幕総《まくそう》オケ部のコンクールは最高の形で幕《まく》を閉《と》じたのだった。

喜《よろこ》びに満ちた全国大会の後、3年生は今度は進路に向けてそれぞれに努力を続けた。オダとユッキーは大学に、キドマリとマナは音楽大学に合格《ごうかく》した。

卒業式もすでに終わった3月21日、3年生の最後の舞台《ぶたい》となるスプリングコンサートが開催《かいさい》された。コンサートではオーケストラ、吹奏楽《すいそうがく》、それぞれの演奏《えんそう》に加えてミュージカルも披露《ひろう》され、思い出の《ダフニス》も演奏《えんそう》された。

（いよいよ次が最後の曲だ！）

トレードマークのメガネをかけ、白いブラウスに黒のロングスカートを身につけたキドマリは指揮台《しきだい》へと歩み出ていった。アンコールの《ラデツキー行進曲》は3年生の元部長が指揮《しき》をするのが恒例《こうれい》になっていた。

指揮者《しきしゃ》を待たずに演奏《えんそう》が始まる。キドマリはゆっくりとステージの前を歩き、指《し》揮台《きだい》に上がった。

指揮《しき》を始めたキドマリの脳裏《のうり》にたくさんの思い出が押《お》し寄《よ》せてきた。小学校で吹《すい》奏楽部《そうがくぶ》に入った時のこと、中学校のマーチング、コロナ禍《か》、幕総《まくそう》オケ部に入った時に受けた衝撃《しょうげき》、コンクールの悔《くや》しさ、部長としての苦しさ、みんなで見た夜明け、悲願の全日本吹奏楽《すいそうがく》コンクール出場と金賞受賞《きんしょうじゅしょう》……。

指揮台《しきだい》に近い弦楽器《げんがっき》が柔《やわ》らかな音を奏《かな》で、後方の管楽器が勇壮《ゆうそう》に響《ひび》き、打楽器が軽快《けいかい》さを加える。客席では後輩《こうはい》たちが通路に立ち、観客と一緒《いっしょ》に手拍子《てびょうし》をしていた。

キドマリは奏者《そうしゃ》たちを見回した。1人ひとりが愛おしい。この子たちがいたから、自分はここまでやってくることができた。オダはトロンボーンを吹《ふ》きながらキドマリを見守るような笑《え》みを浮《う》かべていた。ユッキーは目を微笑《ほほえ》ませながらトランペットを奏《かな》でていた。指揮台《しきだい》のすぐ前に座《すわ》ってヴァイオリンを弾《ひ》いているマナの頰《ほお》は泣き濡《ぬ》れていた。ステージは泣き顔、笑い顔でいっぱいになっていた。

キドマリは泣かなかった。自分は泣かない。最後は笑って終わろうと思っていた。曲の後半、キドマリは指揮《しき》を中断《ちゅうだん》すると、マイクを手にして客席のほうを向いた。みんなの演奏《えんそう》をバックに、3年生を代表して挨拶《あいさつ》をするのだ。

3年間の思い出や先生たちへの感謝《かんしゃ》の言葉などを述《の》べた後、キドマリは言った。

「終わりたくないという思いがとてもとても強いですが、これから1、2年生がこの幕総《まくそう》オケ部を必ず、必ず発展《はってん》させてくれると信じています。本日は本当にありがとうございました！」

キドマリはみんなのほうを振《ふ》り向き、指揮《しき》を再開《さいかい》した。すると、ひな壇《だん》の一番後ろにいた8人の部員が突然《とつぜん》プラカードを頭上に掲《かか》げ、左右に振《ふ》り始めた。

――「木」「戸」「あ」「り」「が」「と」「う」「!」

プラカードの文字を目にしたキドマリの顔にあふれんばかりの笑《え》みが満ちた。(私《わたし》こそ、ありがとう!)とキドマリは心の中で叫《さけ》んだ。

音楽も、青春も、いつかは終わってしまう。終わらないでほしい、終わりたくない。だが、その願いは決して叶《かな》えられることはない。

それでも、キドマリは信じている。過《す》ぎ去っていく時間は二度と戻《もど》らなくても、みんなそれぞれ別の道に進んでいっても、「交《まじ》わって響《ひび》いた」自分たちの音と思いが色褪《いろあ》せることはない。

3年間の思い出とともに《ラデツキー行進曲》は心の中で続いていくのだ、いつまでも永遠《えいえん》に――。

(文/オザワ部長)

STORY. 2

あの時の僕《ぼく》らは

鎮《ちん》西《ぜい》高等学校　男子バレーボール部

熊本県熊本市

舛本颯真 ― Masumoto Soma

男子バレーボール部のエース。アタッカー。

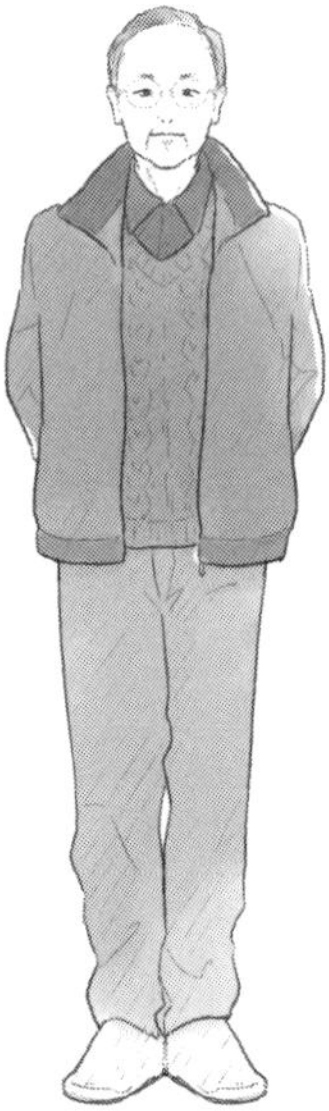

畑野久雄 ― Hatano Hisao

1945年生まれ。男子バレーボール部の監督《かんとく》。

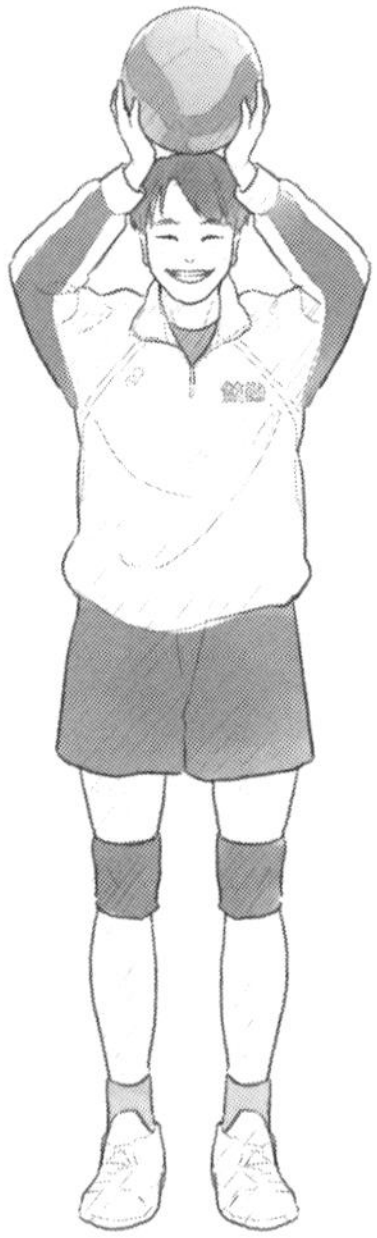

香本夏輝 ― Komoto Natsuki

颯真《そうま》の2つ下の後輩《こうはい》。マネージャー。

あと1点

うわ、あの時の僕《ぼく》らと一緒《いっしょ》だ。

舛本颯真《ますもとそうま》には、遠いパリの地で戦う選手たちの気持ちが、痛《いた》いほどわかった。

2024年、日本から遠く離《はな》れたフランス、パリでオリンピックが開催《かいさい》されていた。颯真《そうま》が〝僕《ぼく》らと一緒《いっしょ》〟と過去《かこ》の自分に重ねた試合は、男子バレーボールの準々決勝《じゅんじゅんけっしょう》。日本代表とイタリア代表の試合だった。

世界からたった12か国しか出場できないオリンピック。スポーツ選手にとってはまぎれもなく大きな舞台《ぶたい》で、颯真《そうま》もいつかあの場所に日本代表として立つのが夢《ゆめ》だ。

そのオリンピックで、日本代表が戦っている。大会前からメダル候補《こうほ》と言われていたけれど、グループリーグではなかなか調子が上がらない。上位8チームで争う準々決勝《じゅんじゅんけっしょう》に、日本は8位で進出した。リーグ戦と違《ちが》って、準々決勝からは負けたら終わり。テレビで見ていても、明らかに選手の目つきが違《ちが》う。

どちらにとっても負けられない戦いで、日本代表は2セットを先取。しかも第3セットも日本がリードして24対21、あと1点を取れば日本が準決勝《じゅん》進出を決める。颯真《そうま》だけでなく、たぶん日本のテレビや、現地《げんち》のパリで見ていたたくさんの人たちが「日本の勝ちだ」と確信《かくしん》していたはずだ。

予期せぬ出来事は、そんな時に起こるんだ。

あと1点、いつもならきっと簡単《かんたん》に取れるはずの1点がなかなか取れない。当然、1点を取られたら終わりのイタリア代表は日本以上に攻《せ》めてくる。どんどん点差が縮《ちぢ》まって、気づけば24対24。土壇場《どたんば》で同点に追いつかれてしまった日本は、第3セットを25対27でイタリアに取られてしまう。

大丈夫《だいじょうぶ》、あと1セット取ればいいんだ。

颯真《そうま》は祈《いの》るような気持ちで応援《おうえん》していた。でもあと1点、あと1セットがやっぱり遠い。日本時間の20時から始まった試合に決着がついたのは、23時近くになってから。フルセットの末、大逆転《だいぎゃくてん》勝利を収《おさ》めたのはイタリア代表だった。

何であの1点が取れないんだ。

見ている人はそう思うだろうな。僕《ぼく》だって、ただ見ていただけなら同じように思ったかもしれない。

でも知ってるんだ。1点を取るのがどれだけ難《むずか》しいか。先に2セットを取っても、あと1点、1セットを取り切ることがどれだけ大変か。

2023年1月、颯真《そうま》にとって高校最後の戦いがまさにそうだった。

バレーボールをしている高校生の憧《あこが》れの舞台《ぶたい》、春高バレー。僕《ぼく》は3年続けて出場できた。しかも2年連続で決勝まで進み、最後の最後まで試合をすることができた。

そして、敗れた。

2年続けて、2セットを取ってから3セットを取られ、逆転《ぎゃくてん》負けをした。何度思い返しても悔《くや》しいけれど、全部出し尽《つ》くして負けた。最後まで「決めてくれ！」とボールを託《たく》してくれて、落ちそうなボールもつないでくれる仲間がいた。

オリンピックの日本代表と〝同じ〟だなんて言うと怒《おこ》られるかな。でも颯真《そうま》にとっても高校生活のすべてをかけて臨《のぞ》んだのが、最後の春高で、最後の1点を取り切れずに終わった。もう二度と経験《けいけん》したくない、悔《くや》しい試合だった。

春高バレー
全日本バレーボール高等学校選手権《せんしゅけん》大会の通称《つうしょう》。春の高校バレー。毎年1月に開催《かいさい》。それまでに都道府県大会が行われ、各地域《かくちいき》の代表が決まる。

憧《あこが》れのエース

颯真《そうま》がバレーボールを始めたのは小学2年生のころ。4歳上《さいうえ》のお姉ちゃんがいるバレーボールクラブの試合を見に行って、楽しそうだなと思ったのがきっかけだ。

「一緒《いっしょ》にやってみるか?」

クラブのコーチに誘《さそ》われて、見よう見まねでやってみたら、見ていた時よりもはるかにおもしろかった。すぐに「僕《ぼく》もバレーボールをやる!」と決めて、お姉ちゃんと同じクラブに入ったけれど問題が一つ。

男子のチームがなかった。

仕方なく最初は女子の中に交《ま》ざって、バレーボール人生がスタートした。

当時は身長が低くて、颯真《そうま》よりも周りの女子たちのほうがずっと大きい。必然的にポジションはアタッカー(アウトサイドヒッター)ではなく、セッター。

試合にも出させてもらったけれど、うまくトスを上げられないと女子に怒《おこ》られる。

アタッカー
攻撃《こうげき》で、ボールを打ち込《こ》む役目。

セッター
スパイクをする選手にトス(相手が打ちやすいような球)を上げる役割《やくわり》。

悔《くや》しいし、怖《こわ》いし、思わず試合中に泣いてしまったこともあった。

それでも、やればやるほどバレーボールは楽しい。

「男子のチーム、作りたいなぁ」

男子部員を勧誘《かんゆう》するために、颯真《そうま》はポスターを何枚《なんまい》も作って小学校の壁《かべ》に貼《は》った。一生懸命《いっしょうけんめい》アピールした甲斐《かい》があって、4年生になると念願の男子部員が入部した。少しずつ数が増《ふ》えて、4年生の終わりごろには男子だけでバレーボールチームがつくれる人数に達した。颯真《そうま》がチームの「エース」になったのはその時だ。

身長は高くなかったけれど、ジャンプ力はある。何より、バレーボールの経験《けいけん》もチームの中で颯真《そうま》が一番だったので、気づけばほとんどのトスが颯真《そうま》に上がるようになった。小学生のころは相手のブロックやレシーブのことなど考えずに、トスが上がればただ強く打つ。エースがどんな存在《そんざい》か、小学生の颯真《そうま》にはわからなかったけれど、決めればみんなが喜《よろこ》んでくれる。

「やっぱり、バレーボールって楽しいな」

もっとうまくなりたい。もっと強いスパイクを打ちたい。気づけば颯真《そうま》はバレー

ブロック
守備《しゅび》で、スパイクを防《ふせ》ぐこと。

レシーブ
サーブやアタックなど、相手の攻撃《こうげき》してきたボールを受けること。

スパイク
味方が上げたボールを、ジャンプして相手コート《こ》に強く打ち込むこと。

ボールに夢中《むちゅう》になっていた。そして、ごく自然に「鎮西《ちんぜい》高校のエースになりたい」と夢《ゆめ》を描《えが》き始めた。なぜなら、颯真《そうま》には憧《あこが》れの〝大エース〟がいたからだ。

忘《わす》れもしない。颯真《そうま》が小学6年生の時だった。

2016年4月、熊本県を震源地《しんげんち》とする大きな地震《じしん》が町を襲《おそ》った。熊本城が崩《くず》れて、大きな被害《ひがい》を受けてみんなが苦しくて怖《こわ》い思いをしていた時、バレーボールの強豪校《きょうごうこう》として有名な鎮西《ちんぜい》高校の体育館も床《ゆか》が崩《くず》れて練習できなくなってしまった、というニュースをテレビで見た。その年は、練習する場所すらなくなってしまって、優勝候補《ゆうしょうこうほ》と言われながら年明けの春高で鎮西《ちんぜい》は初戦で負けてしまった。前年の準《じゅん》優勝校《ゆうしょうこう》だったのに、練習どころか地震《じしん》でふだん通りの練習すらできなくなってしまったために、持っている力の1割《わり》も出せずに負けてしまった。

あの強い鎮西《ちんぜい》が負けてしまった…。

颯真《そうま》も、自分のことのように悔《くや》しかった。

でも、地震《じしん》から1年が過《す》ぎた2017年。まだ体育館は工事中で、県外まで練習する場所を求めてバスで移動《いどう》する、過酷《かこく》な環境《かんきょう》でありながら鎮西《ちんぜい》は夏のインターハイで優勝《ゆうしょう》した。熊本でバレーボールをしている小中学生なら誰《だれ》もが知っていると言っても決して大げさではない黄色のユニフォームで、全国の頂点《ちょうてん》に立つ。

「やっぱり、カッコいいなぁ」

特に颯真《そうま》が憧《あこが》れたのは、1年生ながらレギュラーとして試合に出て、エースでキャプテンの鍬田憲伸《くわだけんしん》さんとともに2枚看板《まいかんばん》として活躍《かつやく》していた水町泰杜《みずまちたいと》さんだ。背番号《せばんごう》「3」を背負《せお》う憲伸《けんしん》さんも高校生の中ではトップクラスのスパイクを打つ選手で、試合中も笑顔《えがお》で、プレーは豪快《ごうかい》。とにかくカッコいい。でも颯真《そうま》が泰杜《たいと》さんに惹《ひ》かれた理由は力強いスパイクに加えてもう1つ、颯真《そうま》と同じようにバレーボール選手として決して身長が高い選手ではなかったことだ。

泰杜《たいと》さんの身長は181センチ。182センチの颯真《そうま》もほぼ変わらない。ふつうの生活をしていれば大きいと言われる身長も、バレーボール選手の中では小さいと言われる。少しでも身長を伸《の》ばしたくて小さいころからいろいろなことを採《と》り入れてきたけれど、身長がなかなか伸《の》びず、颯真《そうま》もずっと悔《くや》しかった。だから身長が低くても誰《だれ》よりジャンプして、どんなに高いブロックでも上から打ってやる、と思っ

インターハイ
全国高等学校総合《そうごう》体育大会。毎年7月から8月に開催《かいさい》されるスポーツの祭典。

て必死に練習してきた。まさに颯真《そうま》が理想とする、小さくても上から打つ大エースが泰杜《たいと》さんそのものだった。

夏のインターハイに続いて、1月の春高も鎮西《ちんぜい》が優勝《ゆうしょう》。熊本に帰ってきてからもたくさんのニュースで鎮西《ちんぜい》のバレーボール部が取り上げられた。

カッコいいなぁ。やっぱり鎮西《ちんぜい》に行きたいな。

そして、憧《あこが》れが現実《げんじつ》になる日がやってきた。中学2年生の時、颯真《そうま》は全国47都道府県の代表として選抜《せんばつ》された選手が集う「全国都道府県対抗《たいこう》中学バレーボール大会」で熊本代表に選ばれた。ほとんどのチームは3年生が中心だ。同じ学校の選手同士《どうし》ならばふだんから一緒《いっしょ》に練習しているけれど、選抜《せんばつ》チームで出場する大会なので、短期間でコミュニケーションやチームとしての武器《ぶき》を磨《みが》くために、中学生だけど高校生を相手に練習試合をしたり、一緒《いっしょ》に練習をしたりする機会もある。

颯真《そうま》が初めて鎮西《ちんぜい》高校に行ったのも、まさにその時だ。

中学生同士《どうし》だけでなく、高校生とも一緒《いっしょ》に交《ま》ざってパスをする。2人1組の相手になったのが、泰杜《たいと》さんだった。スパイクやサーブがものすごいイメージは植えつけられていたけれど、オーバーハンドやアンダーハンド、パスの1本1本も泰杜《たいと》さんはうまいし手を抜《ぬ》かない。しかも泰杜《たいと》さんは2年生ながらすでにチームのエースであるだけでなく、キャプテンも務《つと》めていて、中学生の颯真《そうま》たちにも優《やさ》しかった。泰杜《たいと》さんとは3歳違《さいちが》いだから、一緒《いっしょ》に高校生活を過《す》ごすことはできない。でも、泰杜《たいと》さんがかけてくれた言葉を、颯真《そうま》は今でもハッキリ覚えている。

「俺《おれ》が卒業した後は、頼《たの》むぞ」

それまではぼんやりした憧《あこが》れだったけれど、颯真《そうま》の中でハッキリと目標に定まったのがきっとこの時だ。

「絶対《ぜったい》に、僕《ぼく》も鎮西《ちんぜい》のエースになって春高で優勝《ゆうしょう》する！」

2020年4月、颯真《そうま》は鎮西《ちんぜい》高校に入学した。大きな夢《ゆめ》に向けて、ついに第一歩を歩み出した。

止まらない涙《なみだ》

全国優勝《ゆうしょう》を目指すチームがどんな練習をしているか。バレーボールにくわしい人ならば、具体的な練習メニューが浮《う》かぶかもしれない。あまりくわしくないという人ならばきっと、レシーブやスパイクを延々《えんえん》続ける、厳《きび》しいメニューを想像《そうぞう》するはずだ。では実際《じっさい》どうだったのか。鎮西《ちんぜい》の練習はだいたい2時間。レシーブやスパイク、基本的《きほんてき》なことを中心に最後はゲーム形式、全体練習を終えた後に自主練習の時間があるので、そこで個々《ここ》の課題を克服《こくふく》するためにそれぞれが考えて練習する。時間は短いけれど、練習中は一瞬《いっしゅん》だって気を抜《ぬ》けないし、自主練習で１つでも技術《ぎじゅつ》を磨《みが》きたい。颯真《そうま》は毎日必死だった。

バレー部を指導《しどう》してくれるのは、監督《かんとく》の畑野久雄《はたのひさお》先生とコーチの宮迫竜司《みやさこりゅうじ》先生。１９４５年生まれの畑野《はたの》先生は、実際《じっさい》にボールを打つことはなく、教官室で部員たちの練習をじっと見ている。練習中もガミガミ怒《おこ》ることはないけれど、当たり前にしなければならない作業やプレーができていないと叱《しか》られる。典型的《てんけいてき》なのが、「ここで攻《せ》めるぞ」というところで簡単《かんたん》にサーブをネットにかけてしまうミスや、相手が攻撃《こうげき》できず苦しまぎれに返してきたチャンスボールを処理《しょり》する時のミス。

「それがダメなんだよ。流れを変えてしまうぞ」と叱責《しっせき》される。

攻守《こうしゅ》が目まぐるしく変わるバレーボールは、「流れのスポーツ」と言われる。本当に1本のプレーが一瞬《いっしゅん》で流れを変える。鎮西《ちんぜい》のバレーボールはエース勝負で豪快《ごうかい》なイメージがあったけれど、1本1本の質《しつ》にこだわっているから「ミスをしちゃダメだ」と日々《ひび》思い知らされる。特に、エースとしてチームを引っぱる存在《そんざい》になるならなおさらだ。

実際《じっさい》にボールを打つわけではなく、練習を止めて指導《しどう》するわけでもないけれど、畑野《はたの》先生は本当にダメな時や大切なことを短い言葉で伝える。レシーブ練習の時にボールを打ち、よくないところはハッキリと「ダメだ」と伝えるのはコーチの宮迫《みやさこ》先生の役目だ。宮迫《みやさこ》先生も鎮西《ちんぜい》のOBで畑野《はたの》先生の教え子、エースとして「3番」もつけていたそうだ。大学を卒業して先生、コーチになってからは、泰杜《たいと》さんや憲《けん》伸《しん》さんだけでなく、日本代表でも活躍《かつやく》する宮浦健人《みやうらけんと》さんなど、鎮西《ちんぜい》を代表するエースを育ててきた人だ。

当然、宮迫《みやさこ》先生からの指導《しどう》は厳《きび》しい。颯真《そうま》に対しては特に厳《きび》しかった。

もともと打つことが得意《とくい》で、中学校、さかのぼれば小学校高学年のころから颯真《そうま》はチームのエースを任《まか》されてきた。もちろん課題はたくさんあるけれど、攻撃《こうげき》には自信がある。苦手だったのはサーブレシーブだ。

バレーボールは必ずサーブから始まって、そのボールをレシーブして攻撃《こうげき》を展開《てんかい》する。見ていれば簡単《かんたん》そうだけれど、年々《ねんねん》サーブは強さ、スピード、空中での変化など数えきれないほど磨《みが》きがかかっていて、どんなチームも「有利な状況《じょうきょう》で攻撃《こうげき》させないためにサーブで攻《せ》める」のが鉄則《てっそく》だ。しかも攻撃《こうげき》回数が多い選手、エースと呼《よ》ばれる選手にはできるだけいい状態《じょうたい》で攻撃《こうげき》させたくないから、まずはサーブで狙《ねら》ってくる。

日本代表でも活躍《かつやく》する石川祐希《いしかわゆうき》さんや、髙橋藍《たかはしらん》さんのようにサーブレシーブも得《とく》意《い》で、簡単《かんたん》に返せる選手もいるけれど、颯真《そうま》はサーブレシーブが苦手だった。特に

1年生のころは簡単《かんたん》に崩《くず》されてしまうことも多くて、宮迫《みやさこ》先生からはそのたび「そんなレシーブじゃ、簡単《かんたん》に崩《くず》されて試合が終わるぞ」と何度も何度も注意された。自分でも課題だとわかっていたので、少しでも返せるように、コツをつかめるようにと練習を重ねてきたけれど、強いサーブや、目の前でストンと落ちる変化するサーブの返球がなかなかうまくできない。

くそっ。

そう思っている時に限《かぎ》って、宮迫《みやさこ》先生からも叱責《しっせき》される。子どものころはただボールを打って、決めれば楽しいと思っていたけれど、高校生になって、しかも日本一を目指すチームでエースとして戦うためには強くならなきゃいけないんだ。

今になれば、颯真《そうま》のためにあえて厳《きび》しく指導《しどう》してくれていたとわかるけれど、その時はとにかく悔《くや》しくて、情《なさ》けなくて、もう練習に行きたくないと思う日もあった。

それでもがんばれたのは、支《ささ》えてくれる仲間がいたからだ。同級生は5人。決して多くなかったけれど、練習中も練習前の準備《じゅんび》も励《はげ》まし合って乗り越《こ》えてきた。同級生だけでなく、先輩《せんぱい》も優《やさ》しくて、颯真《そうま》が1年生の時からエースとして期待されていることをわかっていた一つ上のマネージャー、高田凛人《たかたりんと》さんは「舛本《ますもと》がエースとして育つように、自分たちが支《ささ》えていこう」と思っていてくれたそうだ。どれだけブロックに止められても、キャプテンでセッターの九冨鴻三《くとみこうざん》さんは「颯真《そうま》、行けるか？」とトスを上げてくれたし、うまくいかなかった試合の後は凛人《りんと》さんが颯真《そうま》の攻撃《こうげき》が相手のブロックやレシーブによって止められた理由を教えてくれた。

バレーボールにはたくさんのポジションがある。トスを上げるセッター、レシーブを専門《せんもん》とするリベロ。ブロックや速攻《そっこう》を武器《ぶき》とするミドルブロッカー。そして「エース」と呼《よ》ばれるアウトサイドヒッター。コートに立つ６人、交代が自由なリベロも含《ふく》めれば7、８人の選手に加えて、ベンチで監督《かんとく》とコーチの間に座《すわ》って試合経過《けいか》をメモするマネージャーもいる。マネージャーはコートに立つこともできないけれど、みんなの練習がうまくいくようにサポートして、先生と選手の間をつなぐ大事なポジションだ。

颯真《そうま》なら大丈夫《だいじょうぶ》。

そう信じてくれる仲間のために、必死に練習した。毎日、とにかく厳《きび》しく取り組

リベロ
レシーブなど、守備《しゅび》だけを行う選手。

んできたから、むしろその成果を発揮《はっき》できる試合は楽しかった。

特に小学生のころから夢見《ゆめみ》た春高は最高で、たくさんのテレビカメラや照明に囲《かこ》まれて、日本代表が戦う東京体育館という大きな大きな体育館で試合ができる。しかも床《ゆか》はタラフレックスというジャンプをした後の着地の衝撃《しょうげき》を和らげる特製《とくせい》のシートが貼《は》られている。

タラフレックスがオレンジ色だから、春高のコートは「オレンジコート」と呼《よ》ばれている。颯真《そうま》が1年生の時から世界中に新型《しんがた》コロナウイルスが蔓延《まんえん》していて、観客がいないことだけが残念だったけれど、テレビで見ていた憧《あこが》れの場所に初めて立った時は本当にうれしくて、スパイクも打てば決まる、といっても大げさではないぐらい気持ちよく打てた。結果は3回戦敗退《はいたい》だったけれど、また来年はもっと強くなった自分でこの舞台《ぶたい》に戻《もど》ってこようと誓《ちか》った。

でも、世の中はそう簡単《かんたん》にうまくいくものでもないらしい。

2年生になって、1年生のころよりも少し注目されるようになった2度目の春高。鎮西《ちんぜい》は熊本代表として出場することができたけれど、決勝で日本航空《こうくう》高校に負けてしまった。しかも2セット目までは完璧《かんぺき》に近いバレーができていたけれど、後がなくなって第3セットから攻《せ》めに転じた日本航空《こうくう》の勢《いきお》いを止められずに逆転《ぎゃくてん》負け。

第5セット11対14、日本航空《こうくう》のマッチポイントで相手が打ったスパイクが鎮西《ちんぜい》のブロックに当たってコートの後ろへ飛んでいく。とにかく必死で追いかけたけれど、届《とど》かない。

ピピー。

試合終了《しゅうりょう》を告《つ》げる笛の音と、優勝《ゆうしょう》を喜《よろこ》ぶ日本航空《こうくう》の選手たちの声が聞こえる。

僕《ぼく》は悔《くや》しくて、悔《くや》しくて、起き上がれなくて、周りの仲間に支《ささ》えられて立ち上がった時には涙《なみだ》が止まらなかった。

ごめんなさい。僕《ぼく》が決められなかったから、勝てなくてごめんなさい。

言葉にしようとしても何も出てこない。鴻三《こうざん》さんたちも泣いていたけれど「颯真《そうま》がいたからここまでこられたよ」と声をかけてくれた。凛人《りんと》さんはいつも通り冷静に「応援《おうえん》してくれた人たちに挨拶《あいさつ》へ行こう」とマネージャーとしての仕事をしていた。

3年生ってすごいな。颯真《そうま》はそう思っていた。でも実は凜人《りんと》さんは誰《だれ》もいなくなった後、熊本の恩師《おんし》に電話をした時、大泣きしたそうだ。でもそんな顔など一つも見せず、3年生として頼《たの》もしい姿《すがた》を見せ続けてくれた。

悔《くや》しくて、情《なさ》けなくて涙《なみだ》が止まらなかったけど、颯真《そうま》は心に誓《ちか》った。

絶対《ぜったい》に絶対《ぜったい》に、最後の春高で日本一になる。勝たせることができなかった先輩《せんぱい》への感謝《かんしゃ》と、一緒《いっしょ》に戦う同級生、そして後輩《こうはい》と最高の笑顔《えがお》で終わるために、何が何でも強くなって、またこの場所で戦うんだ。

先輩《せんぱい》と後輩《こうはい》

3年生になって、颯真《そうま》はキャプテンになった。1年生から試合に出続けてきたし、自分でもやりたいと思っていた。今までの先輩《せんぱい》たちがそうだったように、キャプテンになればチーム全体を引っぱらなければならない。同級生だって、何でも話せていつもふざけ合う仲間だけど、練習や試合となれば話は別。甘《あま》えたりサボったり、ちょっとした油断《ゆだん》が大事な時に響《ひび》いて泣くのは自分たちだ。

颯真《そうま》は、毎日の練習からあえて壁《かべ》を作るようにした。

そこまでしなくてもいいじゃないか。そう思われるかもしれない。

でもキャプテンは、チームのためにみんなに嫌《きら》われるようなことも言わなければならない。そう覚悟《かくご》していた。

だから、練習の時にやるべきことをやらないでいる選手には「ちゃんとやれよ！」と容赦《ようしゃ》なく怒《おこ》った。そしてもちろん、周りに厳《きび》しくする以上は、自分が一番真剣《しんけん》に取り組まなければならないと思っていたから、誰《だれ》よりも必死だった。

同級生にも後輩《こうはい》にも、きっと嫌《きら》われるんだろうな。

覚悟《かくご》はしていても、苦しいと感じることは何度もあった。でも弱音は吐《は》けない。

そんな颯真《そうま》の心を見抜《みぬ》いていたのか、しんどいな、と思う時にさりげなく気遣《きづか》って助けてくれたのが2つ下の1年生、香本夏輝《こうもとなつき》だった。

ポジションはセッター、身長は168㎝。小さいことで颯真《そうま》以上に悔《くや》しい経験《けいけん》をしてきたはずの夏輝《なつき》は、入部した時から真面目《まじめ》で、誰《だれ》に対しても礼儀《れいぎ》正しい。

「夏輝《なつき》、練習つき合ってもらってもいい？」

サーブレシーブの練習をしたかった颯真《そうま》は、自主練習が始まる前に夏輝《なつき》を誘《さそ》った。

「向こうからサーブを打ってもらって、それをレシーブするからトス、上げてくれる？」

「ハイ！　わかりました！」

鎮西《ちんぜい》に入ったばかりのころは怒《おこ》られることが多くて、「3年間、どれだけ長いんだろう」とため息をつきたくなる毎日だったのに、気づけばあっという間に3年生。

颯真《そうま》が鎮西《ちんぜい》のエースとして戦える時間は限《かぎ》られていた。

2年生の春高を終えて、あんな悔《くや》しい思いは二度としたくない、と誓《ちか》って始まった1年。苦手なサーブレシーブを克服《こくふく》するには練習が必要。自分と同じくらい、バレーボールに真面目《まじめ》に取り組む夏輝《なつき》と一緒《いっしょ》に乗り越《こ》えたかった。

3年生と1年生。先輩後輩《せんぱいこうはい》の関係ではあったけれど、颯真《そうま》はわからないことやうまくいかないことを全部夏輝《なつき》に聞いた。

「サーブレシーブ、何でうまく返らないのかな?」

「(ジャンプ)フローター(サーブ)は途中《とちゅう》でボールが変化して落ちるから、変化する前にオーバー(ハンドレシーブ)で取ったら返りやすいんじゃないですか?」

「そうか。じゃあオーバー、やってみるわ」

ただレシーブするだけで終わりではない。レシーブしたボールをセッターがトスで上げて、スパイカーが打てなければ、得点《とくてん》にはつながらない。

「上げづらかったら言って」

颯真《そうま》が言うと、夏輝《なつき》はその都度「オッケー」とか「ちょい低いです」と答えてく

フローターサーブ
顔の前にトスを上げて、押《お》し出すようにたたいて打つサーブ。ボールが回転せず、急激《きゅうげき》に落ちるなどの変化をする。

れた。夏輝《なつき》の的確《てきかく》なアドバイスに助けられていた、と颯真《そうま》は思っていたけれど、夏《なつ》輝《き》の立場から見れば違《ちが》う。

「うわー、やっぱり颯真《そうま》さん、すごいな」

小学5年生でバレーボールを始めた夏輝《なつき》は、当時からセッターやレシーバーだった。颯真《そうま》のように夏輝《なつき》も泰杜《たいと》さんに憧《あこが》れて、中学生になると「鎮西《ちんぜい》へ行きたい」と思うようになった。小さい自分が行けるはずないと思っていたけれど、中学3年で熊本選抜《せんばつ》として全国大会に出場、夢《ゆめ》だった鎮西《ちんぜい》に入学して颯真《そうま》の後輩《こうはい》になった。

2年生からエースとして、颯真《そうま》が鎮西《ちんぜい》を背負《せお》ってきたことは知っている。ふだんの振《ふ》る舞《ま》いひとつとっても、颯真《そうま》は夏輝《なつき》にとって常《つね》に「カッコいい」存在《そんざい》で、練習の日も体育館に颯真《そうま》が来るだけでピリッとする空気、緊張感《きんちょうかん》が生まれた。

「鎮西《ちんぜい》のエースって、こういう人のことを言うんだな」

心から「すごい」と思えるエースと同じチームでプレーができる。1年生だからと遠慮《えんりょ》するのではなく、毎日の練習で自分にできることを一生懸命《いっしょうけんめい》やることがエースを支《ささ》えることにつながると信じて、ボール拾いや練習の準備《じゅんび》をした。ゲーム形式の練習時には、ラインズマンや床《ゆか》を拭《ふ》く役も率先《そっせん》してやってきた。だから颯真《そうま》に「練習つき合ってもらっていい?」と言われた時は、めちゃくちゃうれしかった。

サーブレシーブの練習が終われば、颯真《そうま》はスパイクの練習をする。その時も夏輝《なつき》がパートナーになって、トスを上げ続けた。

「あー、低くなった」

「うわ、ネットに近すぎた」

夏輝《なつき》は1本1本、心の中で叫《さけ》び声をあげていた。振《ふ》り返れば頭を抱《かか》えたくなるようなひどいトスばかりだったけれど、颯真《そうま》はそんなことなどお構《かま》いなし、とばかりに夏輝《なつき》が上げたトスを全部きれいなスパイクにして打ちつけた。最初は「あの颯真《そうま》さんにトスを上げる、僕《ぼく》で大丈夫《だいじょうぶ》かな」と緊張《きんちょう》していたけれど、夏輝《なつき》は気づいた。

「颯真《そうま》さんと一緒《いっしょ》に練習を続けていたら、僕《ぼく》も絶対《ぜったい》にうまくなれる!」

あーダメだ、と思うトスも完璧《かんぺき》に打ちこなしてくれる先輩《せんぱい》との自主練習は、まるで自分もうまいセッターになったのではないかと錯覚《さっかく》させてくれる。2人にとって、課題克服《こくふく》のための厳《きび》しい練習ではあったけれど、楽しく幸せな時間でもあった。

膝《ひざ》の痛《いた》み

異変《いへん》が生じたのは、夏が過《す》ぎ、秋を迎《むか》えるころだ。颯真《そうま》の右膝《みぎひざ》に激痛《げきつう》が走った。

もともと高校1年生のころから痛《いた》みがあって、治療《ちりょう》しながらバレーボールを続けてきた。ジャンプと着地、そこからまた素早《すばや》く移動《いどう》する、と激《はげ》しい動きを繰《く》り返すバレーボール選手は、膝《ひざ》や腰《こし》に痛《いた》みを抱《かか》える選手も少なくない。

大丈夫《だいじょうぶ》、きっと治る。

颯真《そうま》もそう信じてきたが、負担《ふたん》をかけ続けてきた右膝《みぎひざ》がついに悲鳴をあげた。歩くだけでもズキズキして、膝《ひざ》に力が入らず、思うように脚《あし》が動かない。さすがにこれ以上は限界《げんかい》だと病院へ行くと、半月板損傷《そんしょう》と診断《しんだん》され、お医者さんからは「手術《しゅじゅつ》をしたほうがいい」と言われた。

嫌《いや》だ。絶対《ぜったい》に嫌《いや》だ。

長い将来《しょうらい》を考えたら、よくなるために今手術《しゅじゅつ》したほうがいいことはわかっている。

でも数か月後には最後の春高が待っている。手術《しゅじゅつ》をすればリハビリに時間がかかり、試合に出られるかどうかもわからない。

「できる治療《ちりょう》は何でもやります。だから手術《しゅじゅつ》をしないで下さい」

チーム練習には参加せず、膝《ひざ》の治療《ちりょう》に専念《せんねん》した。少しずつ状態《じょうたい》がよくなってからもジャンプは控《ひか》えなければならない。お医者さんからはそう指示《しじ》されていたけれど、そもそも痛《いた》すぎて跳《と》ぶことなど到底《とうてい》無理だった。

秋が過《す》ぎ、全国各地の代表が出揃《でそろ》えば春高までのカウントダウンが始まる。颯真《そうま》と夏輝《なつき》の自主練習も、スパイクではなくレシーブをメインに続けてきた。夏輝《なつき》のアドバイスでチャレンジしていたオーバーハンドのサーブレシーブがまだうまくできず、颯真《そうま》が悩《なや》んでいるのを見かねた夏輝《なつき》が提案《ていあん》した。

「颯真《そうま》さん、これやってみましょうよ」

膝《ひざ》に負担《ふたん》がかからないように、実際《じっさい》のサーブをレシーブする練習ではなく、体幹《たいかん》や指、手首の力を鍛《きた》えるためのトレーニングに使うメディシンボールという5kgのボールを使って、両手で投げる練習や指で弾《はじ》く練習。最初はその練習だけでも颯真《そうま》は膝《ひざ》が痛《いた》そうで、練習を終えて歩くたびに「痛《いた》い、痛《いた》い」と思わず漏《も》れる。少しでも痛《いた》みが軽減《けいげん》するように、袋《ふくろ》に氷を入れて膝《ひざ》に当て、アイシングをするのも夏輝《なつき》の役目だった。

夏輝《なつき》だけじゃなく、チームのみんなが颯真《そうま》の状態《じょうたい》を気にしていた。本当ならキャプテンとして、エースとして先頭に立って自分が一番引っぱらなきゃいけない時なのに。颯真《そうま》は歯がゆかったけれど、少しでも膝《ひざ》の状態《じょうたい》をよくするために練習を休む時は休んで、痛《いた》み止めの注射《ちゅうしゃ》をするために病院へ通った。

これが、とてつもなく痛《いた》かった。膝《ひざ》の外側から針《はり》を刺《さ》して、痛《いた》み止めの成分となる液体《えきたい》を入れる。

いてててててて。

思わず叫《さけ》び出しそうになるのを抑《おさ》えるために、颯真《そうま》は数を数えた。

1、2、3…。ちょうど1分になるころ、注射《ちゅうしゃ》が終わる。病院へ行く日はいつも憂鬱《ゆううつ》だったけれど、送り迎《むか》えをしてくれるお母さんが、大丈夫《だいじょうぶ》、大丈夫《だいじょうぶ》、と笑いながら励《はげ》ましてくれたのも力になった。

膝《ひざ》の痛《いた》みが完全に消えたわけではなかったけれど、大会直前にお医者さんから「いつも通りにプレーをしてもいい」と許可《きょか》をもらって、全力でスパイクも打てるようになった。終わった後のアイシングは欠かせなかったけれど、夏輝《なつき》やみんなが助けてくれた。

あとは日本一を目指して戦うだけ――。

でも神様はまた試練を与《あた》えた。

今思い返しても、ありえないだろ、と嘆《なげ》きたくなるぐらい。周りからも「死のグループ」と言われる激戦区《げきせんく》に鎮西《ちんぜい》が入ってしまったからだ。

全力を出し切る

第3シードの鎮西《ちんぜい》は2回戦が初戦になる。対戦するのは1回戦を勝利した松本国《こく》際《さい》高校、インターハイ3位のチームだ。スピードと、組織《そしき》的《てき》なブロックを武器《ぶき》とするチームで颯真《そうま》に対しては常《つね》に3枚《まい》ブロックで応戦《おうせん》してきた。打っても打っても決まらない。ブロックを抜《ぬ》くのではなく、当てて出そうとしても、ボールが飛んだ先にはレシーバーがいてつながれる。勢《いきお》いで圧倒《あっとう》する松本国際《こくさい》に第1セットは11対19と8点をリードされた。

ここで負けるわけにはいかない。

「持ってこい!!」

追い上げのきっかけになったのが颯真《そうま》のバックアタックだ。コートに突《つ》き刺《さ》さった1本から、鎮西《ちんぜい》の猛追《もうつい》が始まった。リベロの小手川《こてがわ》吟之介《ぎんのすけ》の好レシーブや、ミドルブロッカーの荒谷《あらたに》柊馬《とうま》のブロックで8点差を追いつくと、颯真《そうま》や井坂《いざか》太郎《たろう》のスパイクが続けて決まり27対25。大逆転《だいぎゃくてん》で第1セットを制《せい》した勢《いきお》いそのままに、第2セットも25対23で制《せい》した鎮西《ちんぜい》が勝利した。

「きつかったー」

膝《ひざ》の痛《いた》みは治まるどころかむしろひどくなっていた。でもどんな相手にも「負けない」という気持ちが勝って、痛《いた》みも気にせず颯真《そうま》は跳《と》び続けた。松本国際《こくさい》に勝利した後も、東北、福井工大福井に勝利して、準《じゅん》決勝はインターハイ王者の東山とのフルセットの激闘《げきとう》を制《せい》し、2年連続の決勝進出を果たした。

いよいよだ。1年間ずっと、目指し続けた舞台《ぶたい》にとうとうたどり着いた。

颯真《そうま》から夏輝《なつき》に連絡《れんらく》が来た。

「こっからやな」

膝《ひざ》の状態《じょうたい》はボロボロで痛《いた》くて仕方がないはずなのに、それでも「こっからだ」と自分でギアを上げられる。颯真《そうま》さん、どれだけ強いんだよ。どれだけカッコいいんだよ。夏輝《なつき》はただひたすら、エースの颯真《そうま》を信じていた。

ベンチに入ることができない夏輝《なつき》は、熊本でテレビを見ながら必死に応援《おうえん》した。

駿台《すんだい》学園との第1セットは25対23、第2セットは25対22で鎮西《ちんぜい》が取った。完璧《かんぺき》な展開《てんかい》だった。膝《ひざ》は痛《いた》かったけれど、ここまでの激戦《げきせん》を勝ち抜《ぬ》いてきた自信があったし、去年同じ舞台《ぶたい》で負けた悔《くや》しさもある。駿台《すんだい》学園は攻守《こうしゅ》のバランスが取れた強いチームだけれど、絶対《ぜったい》に負けない。勝つのは鎮西《ちんぜい》だ。1球1球、必死で追いかけて、必死で跳《と》んで、腕《うで》を振《ふ》り抜《ぬ》いた。

第3セットも14対10、鎮西《ちんぜい》がリード。颯真《そうま》はスパイクだけでなく必死にレシーブもしてボールをつなぐ。4点をリードした鎮西《ちんぜい》に対して、二度目のタイムアウトを取った駿台《すんだい》学園の梅川大介《うめかわだいすけ》監督《かんとく》はメンバーを2人代えてきた。

後がない相手は、サーブで颯真《そうま》を徹底的《てっていてき》に狙《ねら》ってきた。

「大丈夫《だいじょうぶ》、行けるぞ。勝ってるんだから、このまま強い気持ちで戦おう」

颯真《そうま》はレシーブで耐《た》え、得点《とくてん》のたびに何度も何度も声を張《は》り上げた。待望の瞬間《しゅんかん》に向けて戦うだけ。

「勝ち急ぐなよ、勝ち急ぐなよ」

熱い気持ちを抑《おさ》えながらも冷静に。颯真《そうま》が周りの選手たちに声をかける。

だが、ここからの1点、1セットが遠かった。何げないミスから、流れが少しずつ駿台学園《すんだいがくえん》に傾《かたむ》いていく。まだリードしていたけれど、颯真《そうま》は内心で焦《あせ》りを感じていた。

「やばい、ここからひっくり返されるかもしれない」

ぬぐおうとしても、去年同じ舞台《ぶたい》で負けた記憶《きおく》が蘇《よみがえ》る。ここで自分が決める。決めなきゃ負ける。ここで決めるのがエースなんだ。

必死に打ち続ける。でもその先にレシーバーがいて、決まった、と思う1本も上げてくる。負けるか！　颯真《そうま》は必死で、膝《ひざ》の痛《いた》みなど気にせず前衛《ぜんえい》からも後衛《こうえい》からも打ち続けたが、駿台学園《すんだいがくえん》の守備《しゅび》に屈《くっ》し、21対25で第3セットを落とし、第4セットも駿台学園《すんだいがくえん》が25対17で連取。去年に続いて第5セットへ突入《とつにゅう》した。

短いセット間に颯真《そうま》は1人ひとりの目を見て言った。

「絶対勝《ぜったいか》つぞ」

鎮西《ちんぜい》の1点目を取ったのは颯真《そうま》だ。膝《ひざ》の痛《いた》さは限界《げんかい》を超《こ》えていたけれど、それでもブロックが低いほうを狙《ねら》って、タッチを狙《ねら》って打つ。どんな取り方だっていい。

全部自分が取ってやる。この瞬間《しゅんかん》を超《こ》えるためにここまでやってきたんだ。颯真《そうま》は自分を信じて打ち抜《ぬ》いた。

また1点、先行する駿台《すんだい》学園との点差がじわじわ広がる。でも諦《あきら》めない。

「急がないよ、急がないよ！」

3枚《まい》ブロックがついていても、打ち切ってやる。ブロックされたって、きっと仲間が拾ってくれる。僕《ぼく》たちはずっと、そうやって戦ってきた。

9対13。4点差がついた。でも諦《あきら》めない。

ネットをはさんで「レフトしかない」と颯真《そうま》の攻撃《こうげき》を警戒《けいかい》する声が聞こえた。だからレフトから、上がったトスを思い切り打ち抜《ぬ》いて10対13。駿台《すんだい》学園のミスを誘《さそ》って11対13、平田悠真《ひらたゆうま》のサービスエースで12対13。追いつきかけてもまた駿台《すんだい》学園がスパイクで得点《とくてん》して12対14。相手のマッチポイントを迎《むか》えた。

「1本！」

颯真《そうま》は右手の指を突《つ》き上げた。

持ってこい。絶対《ぜったい》決めるから。

でもその1点、1本は上がってこなかった。駿台《すんだい》学園の強烈《きょうれつ》なサーブにレシーブが崩《くず》されて、つなごうとセッターが懸命《けんめい》にボールに飛びついたけれどトスにならず、得点《とくてん》は駿台《すんだい》学園に入る。

ゲームセットの笛と、歓声《かんせい》が響《ひび》く。1年前と同じだ。

勝てなかった。負けたんだ。悔《くや》しさが込《こ》み上げるのも、1年前と同じだった。だけど、颯真《そうま》の心は去年と違《ちが》う。悔《くや》しさはもちろんあったけれど、すべて出し切った。ここまで全力で戦い切れたことに、どこか晴れやかな気持ちすら抱《いだ》いていた。

「3年間の全部を出せたよ」

熊本に帰ってから、颯真《そうま》は夏輝《なつき》にそう言った。悔《くや》しさを滲《にじ》ませながらも、「全部出せた」と言える。そんな颯真《そうま》を見て、夏輝《なつき》は心から思っていた。颯真《そうま》さんと一緒《いっしょ》に、たった1年だったけれどこんなに濃《こ》い時間を過《す》ごせて本当によかった。

颯真《そうま》さん、最高にカッコよかったよ。

颯《そう》真《ま》の想《おも》い

春高から2年、颯《そう》真《ま》は中央大学に進学した。1年生のうちはまだ膝《ひざ》の状《じょう》態《たい》も万《ばん》全《ぜん》ではなく、なかなか試合に出る機会もなかったが、2年生になるとレギュラーをつかんだ。ウェイトトレーニングで筋《きん》肉《にく》はついて、ジャンプ力もスパイクのパワーも上がったけれど、なかなか身長は伸《の》びてくれない。でもいつかは日本代表に入るような選手になりたいし、海外でもプレーしてみたい。

子どものころは二十歳《はたち》と聞けば、ものすごい大人だと思っていたけれど、今の自分はまだまだここから。むしろ伸《の》び盛《ざか》りだ。

卒業した次の年も鎮《ちん》西《ぜい》は井坂がエースでキャプテンになって、春高の準《じゅん》決勝に進んだ。負けてしまったけれど、スタンドで応《おう》援《えん》するのは楽しかった。僕《ぼく》が戦う時に応《おう》援《えん》してくれた人たちもこんな気持ちでいてくれたならうれしいな。

うれしい、といえばもう一つ。直《ちょく》接《せつ》言われたわけではないけれど、春高が終わった後、記者の人たちに囲《かこ》まれた畑野《はたの》先生が僕《ぼく》のことを聞かれて、こう答えていたそうだ。

「舛本《ますもと》はエースでした。信頼《しんらい》していました」

3年間を振《ふ》り返って、畑野《はたの》先生からそんな言葉をかけられたことなんてなかった。でも毎日の練習をどんなに細かいところまでも見逃《みのが》さずに見続けてくれたのが畑野《はたの》先生だ。「エース」「信頼《しんらい》していた」という言葉を直接《ちょくせつ》聞いたわけではないけれど、すごくうれしいし、これからに向かう自信がまた1つ増《ふ》えた。

高校時代の3年間がそうだったように、きっとこれからもあっという間だ。大学を卒業して、それからどんな進路に進むのか。今はわからない。春高であれだけ全力を出し尽《つ》くしても目指した優勝《ゆうしょう》に届《とど》かなかったように、努力をしても100パーセント、夢《ゆめ》が叶《かな》うというわけじゃないことも今の僕《ぼく》は知っている。

だからこれからも1つずつ。強くなるために、毎日努力し続けるだけ。鎮西《ちんぜい》の「3番」を背負《せお》った3年間は僕《ぼく》の誇《ほこ》りだ。

夏輝《なつき》の挑戦《ちょうせん》

颯真《そうま》さんが二十歳《はたち》になった2024年、パリ五輪の年に僕《ぼく》、夏輝《なつき》は3年生になった。ポジションはマネージャー。試合に出るのではなく、練習を引っぱって、みんなをサポートする。でも畑野《はたの》先生からはチームキャプテンに任命《にんめい》された。

いや、正確《せいかく》に言えば責任者《せきにんしゃ》、だ。

コートの中にキャプテンがいなければならないので、ゲームキャプテンを務《つと》めるのは同い年の栗原陽《くりはらよう》だ。エースではなく陽のポジションはリベロだけど、チームを代表する選手として「3番」を背負《せお》う。

僕《ぼく》はユニフォームを着ることはできないし、長い鎮西《ちんぜい》高校バレーボール部の歴史《れきし》の中でマネージャーがチームキャプテンになるのは初めてらしい。

責任者《せきにんしゃ》という立場は荷が重いし、ユニフォームを着て試合に出るのは後輩《こうはい》たちがメイン。でも責任者《せきにんしゃ》である以上、自分にしかできないこともあるはずで、畑野《はたの》先生も「わからないことがあれば聞きにこい」と言ってくれる。練習中もレシーブ練習の時にボール出しをしたり、試合に出る選手たちの動きを見ながら「今はここがよくなかった」と注意したり、１人ひとりのクセ、苦手なところを克服《こくふく》できるように自主練習にもつき合うのが僕《ぼく》の仕事。

颯真《そうま》さんと一緒《いっしょ》にやってきた日々《ひび》が、間違《まちが》いなく僕《ぼく》の財産《ざいさん》で、今の僕《ぼく》を作ってくれているんだ。今年のチームには颯真《そうま》さんのような大エースはいない。でも、僕《ぼく》らには僕《ぼく》らが誇《ほこ》れる大エースと過《す》ごした時間がある。

たとえ試合に出て、自分のプレーで流れを変えたり、歴史《れきし》を作ることができなくても、僕《ぼく》にできることもある。頼《たの》もしい後輩《こうはい》たちを、強くてたくましいエースに育てることだ。自主練習の成果を最高の舞台《ぶたい》で発揮《はっき》してくれる、そんな選手を育てることができたら、きっと颯真《そうま》さんはこう言うだろうな。

「俺《おれ》も、負けないからな」

自主練習で上げるトスを、どんな時も好きなだけ打ち抜《ぬ》いてくれる。やっぱり、颯真《そうま》さんは僕《ぼく》らが誇《ほこ》るべき、自慢《じまん》の大エースだ。

（文／田中夕子）

STORY. 3

僕《ぼく》の進むべき道

東京都立青鳥特別支援学校《せいちょうとくべつしえん》 ベースボール部

東京都世田谷区《せたがや》

岩本大志 | Iwamoto Taishi

野球経験者《けいけんしゃ》。白子のいる青鳥特支《せいちょうとくし》に入学。

久保田浩司 | Kubota Hiroshi

青鳥特支《せいちょうとくし》にベースボール部を作った監督《かんとく》。

白子悠樹 | Shirako Yuki

岩本の2つ上の先輩《せんぱい》。2024年度のキャプテン。

絶《ぜっ》対《たい》に打つ

２０２４年７月７日、東京都八王子市にある富《ふ》士《じ》森《もり》公園野球場――。

真夏の日差しが降《ふ》りそそぐ午後３時半、三《さん》塁《るい》側《がわ》のベンチから選手たちが勢《いきお》いよく飛び出してきた。ちょっと手間取りながら、審《しん》判《ぱん》の前に整列する。

その中に、ひときわ体の小さな選手がいた。都立青《せい》鳥《ちょう》特《とく》別《べつ》支《し》援《えん》学校（青《せい》鳥《ちょう》特《とく》支《し》）ベースボール部１年生の岩《いわ》本《もと》大《たい》志《し》だ。

この日、青《せい》鳥《ちょう》特《とく》支《し》は、高校野球の西東京大会２回戦に出場。特《とく》別《べつ》支《し》援《えん》学校が単《たん》独《どく》チームとして高校野球の公式戦に参加するのは、全国でも初めてのことだ。歴《れき》史《し》に刻《きざ》まれる特別な試合が、今まさに始まろうとしていた。

記念すべき一戦で、青《せい》鳥《ちょう》特《とく》支《し》の最初の打者として打席に立ったのが、「１番ショート」でスタメン入りした岩本だった。１回裏《うら》、チームの先《せん》陣《じん》を切って、相手の投手と向き合った。

青《せい》鳥《ちょう》特《とく》別《べつ》支《し》援《えん》学校
知《ち》的《てき》障《しょう》がいのある子どもたちのための学校。青《せい》鳥《ちょう》特《とく》支《し》ベースボール部の12人の部員にも、それぞれ軽度の知《ち》的《てき》障《しょう》がいがある。

単《たん》独《どく》チームとして高校野球の公式戦に参加
２０２３年、青《せい》鳥《ちょう》特《とく》支《し》は都高野連に加《か》盟《めい》、連合チームとして公式戦出場。単《たん》独《どく》チームとしては、２０２４年に初出場。くわしい経《けい》緯《い》は『待ってろ！　甲《こう》子《し》園《えん》』（ポプラ社）参照。

スタメン
試合に、最初から出るメンバー。スターティングメンバー。

（絶対《ぜったい》に打つぞ！）

気持ちをバットに込《こ》めて思いきりスイングすると、打球は鋭《するど》いライナーとなってライトの前へ。青鳥特支《せいちょうとくし》の初ヒットを記録した岩本は、一塁《いちるい》を駆《か》け抜《ぬ》けた直後、ガッツポーズを作りながら飛びはねて喜《よろこ》んだ。

しかし、得点《とくてん》には結びつかない。逆《ぎゃく》に、相手の都立東村山西高校の猛攻《もうこう》にさらされた。次々《つぎつぎ》と点を奪《うば》われ、5回表が終わった時のスコアは66－0。その裏《うら》の攻撃《こうげき》で青鳥特支《せいちょうとくし》は得点《とくてん》することができず、3時間を超《こ》える試合は5回コールド負けという形で終わりを迎《むか》えた。

片《かた》づけをして球場の外に出ると、唯一《ゆいいつ》のヒットを放った岩本はたくさんの報道陣《ほうどうじん》に取り囲《かこ》まれた。

「初めての試合に出た感想は？」

「ヒットを打った時はどんな気持ちだった？」

次々《つぎつぎ》と投げかけられる質問《しつもん》に答えるうち、しだいに視界《しかい》がぼやけてきた。

目元をぬぐった手の甲《こう》が、涙《なみだ》でうっすらと濡《ぬ》れていた。

ライナー 低く飛ぶ強い打球のこと。

野球が大好きなんだ

岩本はこれまで、山あり谷ありの道を歩んできた。

最初に異変《いへん》が見られたのは、生まれた直後のこと。ものを飲み込《こ》むことができず、すぐに病院で検査《けんさ》してもらうと、染色体異常《せんしょくたいいじょう》による軽度の知的障《ちてきしょう》がいの可能性《かのうせい》があると診断《しんだん》された。また、右耳が聞こえにくい障《しょう》がいがあることも、のちにわかった。

幼《おさな》いころの岩本は運動神経《しんけい》がよく、幼稚園《ようちえん》では元気いっぱいに遊びまわり、いろいろなスポーツにも取り組んだ。特に気に入ったのが、野球だった。

きっかけは、プロ野球・埼玉西武《せいぶ》ライオンズの試合を見に行ったこと。

(すごい迫力《はくりょく》だな……。僕《ぼく》もいつか、こういうところで試合をしてみたい。プロ野球選手を目指そう!)

そのころ好きだったのは、豪快《ごうかい》なホームランを打つエルネスト・メヒア選手や森《もり》友哉《ともや》選手。特に、身長が高くないにもかかわらず力強いバッティングをする森選手

染色体異常《せんしょくたいいじょう》
染色体《せんしょくたい》の数や構造《こうぞう》に異常《いじょう》が生じること。染色体《せんしょくたい》には遺伝情報《いでんじょうほう》が含《ふく》まれていて、ダウン症《しょう》などの病気を引き起こすことがある。

エルネスト・メヒア選手
元プロ野球選手。ベネズエラ出身。

森友哉《もりともや》選手
現役《げんえき》のプロ野球選手。大阪府出身。捕手《ほしゅ》。

は、体が小さかった岩本にとって憧《あこが》れの的だった。

小学1年生のころに野球を始めて、3年生の時、東京都世田谷区《せたがや》で活動する軟式《なんしき》野球チーム「船橋《ふなばし》フェニックス」に入団《にゅうだん》。野球の複雑《ふくざつ》なルールを覚えるのに苦労しながらも、仲のいい友だちといっしょに練習をするのは楽しくて、どんどん野球にのめり込《こ》んでいった。

試合に出る機会も多く、当時は外野手として活躍《かつやく》した。6年生の時には、西東京の74チームが参加した大会で優勝《ゆうしょう》。決勝戦の最終回、一打逆転《いちだぎゃくてん》の大ピンチの場面でライトフライをナイスキャッチしてチームを救《すく》ったことは、小学校時代の一番の思い出だ。

中学生になってからは、硬式《こうしき》野球に挑戦《ちょうせん》。船橋《ふなばし》フェニックスで監督《かんとく》を務《つと》めていた指導者《しどうしゃ》が「世田谷成城《せたがやせいじょう》ボーイズ」という硬式《こうしき》野球のチームを新たに作っており、岩本もそこに入ることに決めたのだ。

野球に向き合う気持ちは小学生のころと変わりなかったが、周りの環境《かんきょう》が徐々《じょじょ》に変わり始めていた。

軟式野球《なんしきやきゅう》
野球本来の硬球《こうきゅう》ではなく、やわらかいゴム製《せい》のボール（軟球《なんきゅう》）を用いる野球。

岩本は、言葉をはっきりと話すことが難《むずか》しい。また、右耳に加えて左耳の聞こえも悪くなってしまったため、チームメイトと話していても、会話がかみ合わないことがよくあった。

それまではあまり気にならなかったのに、中学生になると、うまく会話ができないことで、お互《たが》いにもやもやした気持ちを感じたり、時にはいらいらしたりしてしまうことが増《ふ》えていった。

また、体格《たいかく》の差も大きくなり始めていた。体の小さな岩本は、力も弱く、バッティングでは打球を遠くに飛ばせなかった。一方で、仲間たちは体の成長とともにめきめきと力をつけていく。技術的《ぎじゅつてき》な部分ではそんなに負けていなかったが、体力的な部分の差を埋《う》めるのは難《むずか》しく、岩本は試合にほとんど出られなかった。

楽しくて仕方なかった野球が、少しずつ、つらいものになろうとしていた。

そんな中学2年生のある日のこと——。

練習中にチームメイトとの間でもめごとが起きた。少しからかってきた相手のことを、岩本は受け流すことができなかった。

（僕《ぼく》はまじめに練習してるのに。ふざけるのはおかしい）

そんな思いから歯向かう様子を見せたことで、その場に険悪《けんあく》な空気が流れた。

大事になることはなかったが、練習後も、すっきりしない気持ちが残っていた。

暗い夜道を自転車で走っていると、胸《むね》の奥《おく》から悔《くや》しさが涙《なみだ》といっしょに込《こ》み上げてきた。泣き顔のまま家に帰りつき、母の前で思わず言った。

「もう、野球辞《や》めたい……」

実はそのころ、家庭の中も大変な状況《じょうきょう》になりつつあった。父が仕事の都合で海外に単身赴任《たんしんふにん》。母と、3歳上《さいうえ》の姉といっしょに3人で暮《く》らすようになった。男は自分ひとりだけという思いが、岩本の心を少しばかり不安定にさせていた。

そうした中、岩本は思春期を迎《むか》え、母に対して反抗的《はんこうてき》な態度《たいど》をとることが増《ふ》えていった。

体が大きくなるようにと、母はたくさんの料理を作ってくれたが、岩本の箸《はし》はなかなか進まない。見かねた母が「食べなくていいの？」と言うと「うるさいな！」ときつく言い返すこともあった。

岩本がつらそうに野球をするようになったことに、母は気づいていた。だから、帰宅《きたく》するなり「もう辞《や》めたい」と口にした息子《むすこ》に対し、優《やさ》しくこう声をかけた。

「無理する必要なんてない。辞《や》めていいんだよ。お母さんだって、そんな大志《たいし》の姿《すがた》を見ているのはつらいから」

ところが、次の練習日になると、岩本は自らすすんで準備《じゅんび》を始めるのだった。

必要なものをバッグに詰《つ》め込《こ》みながら、岩本は思う。

（なかなか試合に出られないし、チームメイトとの間でちょっとしたトラブルもあった。だけど……）

その程度《ていど》のことでは揺《ゆ》らがない固い思いが、心の奥底《おくそこ》にある。

（僕《ぼく》はやっぱり、野球が大好きなんだ）

白《しら》子《こ》先《せん》輩《ぱい》

岩本は自宅《じたく》近くの公立中学校に通っていた。軽度の障《しょう》がいがある子どもたちのための特別支援《とくべつしえん》学級に入り、楽しく学校生活を送っていた。

そこで出会ったのが、2学年上の白子悠樹《しらこゆうき》だった。

白子は生まれた時から、足や手の筋肉《きんにく》が徐々《じょじょ》に萎縮《いしゅく》していく難病《なんびょう》をわずらっている。その影響《えいきょう》もあって、ぽっちゃりとした独特《どくとく》な体形をしており、幼《おさな》いころはあまり人前に出たがらない性格《せいかく》だった。

そんな白子が大好きになったもの――それが野球だ。

きっかけは、東京ヤクルトスワローズの試合を生で観戦したこと。やがて「自分も野球をやってみたい!」と考えるようになった。

しかし、野球をやれる環境《かんきょう》にめぐりあうことはなかった。白子は体を素早《すばや》く動かすことができないため、野球の硬《かた》いボールが体に当たって大きなケガにつながって

特別支援《とくべつしえん》学級
障《しょう》がいのある児童や生徒を指導《しどう》するために、小学校や中学校に設置《せっち》される学級。

萎縮《いしゅく》
組織《そしき》を構成《こうせい》する細胞《さいぼう》が縮小《しゅくしょう》すること。しぼんで縮《ちぢ》むこと。

しまう可能性《かのうせい》がある。「危《あぶ》ないから」という理由で、少年野球のチームにも、中学校の野球部にも入ることはできなかった。

白子は面倒見《めんどうみ》のいい先輩《せんぱい》で、小柄《こがら》な岩本を弟のようにかわいがった。そんな白子のことを、岩本は大好きだった。

「野球が好き」という共通点があったことも、２人が仲を深める理由となった。スマホの野球ゲームでいっしょによく遊んでいた。

ただ、岩本が実際《じっさい》に野球をやっているということを、白子はずっと知らないままだった。こんなにちっちゃい大志《たいし》が野球をやってるわけないよな、と勝手に思い込《こ》んでいたのだ。

２人が同じ中学校に通えたのは１年間だけ。岩本が２年生に上がると同時に白子は中学を卒業し、青鳥特支《せいちょうとくし》に進学した。

学校が別々《べつべつ》になり、しばらくの間はあまり会うこともなくなった。だが、岩本は、思わぬところで白子の姿《すがた》を目にすることになる。

それは、岩本が中学３年生になった２０２３年の夏のこと。教室の壁《かべ》に新聞記事が貼《は》られていた。見出しはこんな感じだ。

『青鳥特別支援学校《せいちょうとくべつしえん》が高校野球に初挑戦《はつちょうせん》。〝慶應《けいおう》ストッキング〟を力に変えて』

記事には、青鳥特支《せいちょうとくし》のベースボール部が他校と連合チームを組んで、高校野球の西東京大会に初めて出場する予定であること、そして神奈川県の強豪《きょうごう》チームである私立慶應義塾《しりつけいおうぎじゅく》高校からおそろいのストッキングを贈《おく》られたことが書かれていた。

岩本が記事に添《そ》えられた写真に目をやると、そこにはなんと野球のユニフォームを身にまとった白子の姿《すがた》が写っていた。

（えっ？　白子先輩《せんぱい》……青鳥《せいちょう》で野球やってたんだ！）

岩本が知らないうちに、白子はついに野球ができる場所を見つけていたのだ。

幸せそうな白子の笑顔《えがお》を目にしたとき、岩本は自分が進むべき道がなんとなく見えたような気がした。

青鳥特支《せいちょうとくし》を含《ふく》む連合チームの試合があった日、岩本は応援《おうえん》に行くことはできなかったが、ニュースで結果を知った。激《はげ》しく点を取り合う展開《てんかい》になり、19－23で連合チームは惜《お》しくも敗れていた。

ストッキング
スポーツに用いる、厚《あつ》手《で》の長い靴下《くつした》。

結果を確認《かくにん》するなり、岩本は白子にLINEでメッセージを送った。

岩本：試合、どうだった？
白子：ランナーコーチだった。
岩本：来年は僕《ぼく》も出る。
白子：青鳥《せいちょう》に来るの？
岩本：そう。もう決めた。ベースボール部に入る。
白子：いいじゃん！　楽しみにしてるよ。

岩本が進路を定めようとしていたころ、青鳥特支《せいちょうとくし》もまた、新たなステージに向けた一歩を踏《ふ》み出そうとしていた。
その中心にいたのが、ベースボール部の久保田浩司監督《くぼたひろしかんとく》だ。
久保田監督《くぼたかんとく》は特別支援《とくべつしえん》学校の教員として、長年、知的障《ちてきしょう》がいがある子どもたちにソフトボールや野球を教えることに情熱《じょうねつ》を注いできた人物。青鳥特支《せいちょうとくし》にベースボ

ランナーコーチ
野球で、次の塁《るい》を狙《ねら》うかどうかなどをランナーに指示《しじ》する役目の人。

ール部を作り、さまざまな困難《こんなん》を乗り越《こ》えて、公式戦への初出場を実現《じつげん》させたところだったが、その目はすでに次を見すえていた。

（ベースボール部には、今の時点で６人の部員がいる。来年の春の新入部員の数しだいでは、連合チームではなく、うちだけの単独《たんどく》チームを組むことができるかもしれないな）

野球のチームを組むには、最低でも９人が必要。もし人数がそろい、特別支援学《とくべつしえん》校の単独《たんどく》チームとして公式戦に出場できるとなれば、長い高校野球の歴史《れきし》の中でも初めてのことになる。久保田監督《くぼたかんとく》はその可能性《かのうせい》を探《さぐ》っていたのだ。

ベースボール部の新キャプテンに指名された白子も、単独《たんどく》チームとしての出場が実現《じつげん》することを願っていた。そのためには、１人でも多くの新たな仲間が必要だ。

（大志《たいし》――本当に来てくれるといいな）

白子は、そんなことをしきりに思い浮《う》かべるようになった。

数か月が経《た》ち、迎《むか》えた２０２４年の春――。

入学式の日、東京都世田谷区《せたがや》にある青鳥特支《せいちょうとくし》の校舎《こうしゃ》に岩本の姿《すがた》があった。

勉強は大の苦手だけれど、母にも支《ささ》えられながら受験対策《たいさく》に取り組み、どうにか希望した通りの道に進むことができたのだ。

青鳥特支《せいちょうとくし》の新3年生となった白子のスマホには、岩本からのメッセージが久《ひさ》しぶりに届《とど》いていた。

岩本：青鳥《せいちょう》に合格《ごうかく》したよ！
白子：本当の話？　エイプリルフールは終わったぞ。
岩本：本当だよ（笑）。
白子：とってもうれしいよ。
岩本：いっしょにがんばって1回戦を突破《とっぱ》しようね。

めちゃめちゃうまいんだな

新1年生が部活動に参加し始める4月の下旬《げじゅん》。

（単独《たんどく》チームを組めるだけの新入部員が集まってくれるだろうか……）

白子はドキドキしながら放課後のグラウンドに出た。そして、そこに広がる光景を目にすると、驚《おどろ》きのあまり思わず声をあげた。

「この人数の多さ、すごいな！」

想像《そうぞう》を超《こ》える数の新1年生が、ベースボール部の練習に参加していたのだ。

この時点では「仮入部《かりにゅうぶ》」という形だったため、正式な新入部員が何人になるかはまだわからなかったが、すでに入部の意思を固めている生徒も数人いた。岩本は、もちろんその1人だ。

練習が始まると、白子はまたまたびっくりした。内野でノックを受ける岩本が、流れるような動きでボールをさばいていた。

ノック
練習のために、守備《しゅび》の選手に向けてボールを打つこと。

（大志《たいし》のやつ、めちゃくちゃうまいんだな！）

そう感じていたのは白子だけではない。ノックバットを握《にぎ》っていた久保田監督《くぼたかんとく》も、岩本の技術《ぎじゅつ》の高さに感心していた。

（グローブの使い方がうまい。さすが、世田谷成城《せたがやせいじょう》ボーイズで練習を重ねてきただけのことはあるな）

それまでのベースボール部には野球経験者《けいけんしゃ》が１人もいなかったから、小さいころから基礎《きそ》を身につけてきた岩本のプレーは、ほかの部員とはちょっとレベルが違《ちが》った。

岩本の加入は大きな戦力になる――そんな期待感を誰《だれ》もが抱《いだ》いた。

最終的に、ベースボール部には６人の新入部員が加わった。元からいた２、３年生６人と合わせると12人だ。

５月の下旬《げじゅん》、久保田監督《くぼたかんとく》はついに決断《けつだん》した。

（この人数なら、チャレンジできる。夏の大会には単独《たんどく》チームとして出場しよう！）

そうと決まれば、次は、誰《だれ》にどのポジションを任《まか》せるかを決めなければいけない。

久保田監督《くぼたかんとく》は考えたすえ、岩本にはショートを守ってもらうことにした。

ショートは、内野の中でも特に高い守備《しゅび》の技術《ぎじゅつ》が求められる。岩本は中学時代は内野を守っていたし、ショートで試合に出たい気持ちも強かったから、この大事なポジションを任《まか》されたことは誇《ほこ》らしかった。

世田谷成城《せたがやせいじょう》ボーイズにいたころは、チームメイトの背中《せなか》を追いかける立場だった。けれど青鳥特支《せいちょうとくし》ベースボール部に入ってからは、チームで一番野球が上手な選手になった。そんな環境《かんきょう》の違《ちが》いが、岩本の心に変化をもたらし始めていた。

（野球の練習をがんばるのはもちろんだけど、自分の身の回りのこともきちんとやろう。これからはお母さんを支《ささ》えてあげないと）

中学時代の岩本は、練習から家に帰ってきても、なかなか洗濯物《せんたくもの》を出そうとしなかった。母から何度も何度も言われないと、行動に移《うつ》せないところがあった。

ところが青鳥特支《せいちょうとくし》に入ってからは、母に言われるまでもなく、自分から洗濯物《せんたくもの》を出すようになった。土で汚《よご》れた靴下《くつした》を風呂場《ふろば》で軽く洗《あら》い、ある程度《ていど》の汚《よご》れを落としてから母に渡《わた》す。中学生だった時には考えられなかったようなことを、すすんでやるようになった。

朝は母より先に起きて、自分で朝食を作って食べることも。そんな時、岩本は言うのだった。

「お母さん、早く起きなきゃ。学校に間に合わなくなっちゃうよ」

いつの間にやら立場が逆転《ぎゃくてん》してしまったことが、母にとってはなんだかおかしくもあり、うれしくもあった。

久《ひさ》しぶりのヒット

毎日はあっという間に過《す》ぎてゆき、夏の大会の時期がやってきた。

青鳥特支《せいちょうとくし》が出場する西東京大会には、131校が参加。優勝《ゆうしょう》した高校は「夏の甲子園《こうしえん》」に出場できるが、負ければ終わりのトーナメントだ。3年生にとっては、高校生活最後の公式戦となる。

青鳥特支《せいちょうとくし》の初戦は、2024年7月7日、東京都八王子市の富士森《ふじもり》公園野球場で行われた。相手は、東村山西だ。

背番号《せばんごう》「6」をもらった岩本は、「1番ショート」でスタメン出場。午後3時半、試合に出られる喜《よろこ》びを胸《むね》にグラウンドへと駆《か》けだした。

試合はいきなり厳《きび》しい展開《てんかい》になった。野球経験《けいけん》がとぼしい青鳥特支《せいちょうとくし》の選手たちはなかなかアウトを取れず、1回表だけで11点もの大量点を奪《うば》われてしまう。

ようやく迎《むか》えた1回裏《うら》、青鳥特支《せいちょうとくし》の攻撃《こうげき》。最初の打者は岩本だ。

打つ構《かま》えに入った岩本が、心の中でつぶやく。

（絶対《ぜったい》に打つぞ！　入院しているじいじのためにも――）

実はしばらく前から、母方の祖父《そふ》が病気のため入院していた。

（じいじは、どんな時も僕《ぼく》のことを応援《おうえん》してくれた。今度は僕《ぼく》がいい報告《ほうこく》をして、元気づけてあげたい）

そんな思いで、岩本はこの試合にのぞんでいた。

2球目の直球。やや振《ふ》り遅《おく》れたが手ごたえは悪くない。鋭《するど》い金属音《きんぞくおん》を残してライナーとなった打球は、一塁手《いちるいしゅ》の頭上を越《こ》えてライトの前へ。ヒットだ！

この試合は青鳥特支《せいちょうとくし》にとって4試合目（連合チーム時代も含《ふく》む）の公式戦だったが、青鳥特支《せいちょうとくし》の選手がヒットを放ったのは初めて。中学時代は公式戦に1度も出られなかった岩本にとっても、ずいぶん久《ひさ》しぶりのヒットとなった。

（やったぞ！）

抑《おさ》えきれないうれしさは派手《はで》なガッツポーズになって表れた。つらい時期も乗り越《こ》えて練習を続けてきたことが報《むく》われた気がした。

「ナイスバッティング！」

そう声をかけてくれたのは、東村山西の一塁手《いちるいしゅ》。岩本は「ありがとうございます」と、ちょっぴり照れながら返した。

先頭打者の出塁《しゅつるい》で勢《いきお》いづくかと思われたが、相手との実力差はどうしようもないほど大きかった。青鳥特支《せいちょうとくし》の打者が凡退《ぼんたい》を重ねる一方、東村山西は攻撃《こうげき》の手を緩《ゆる》めない。2回に6点、3回に21点、4回に15点、5回に13点……。点差はみるみる広がった。

だが、青鳥特支《せいちょうとくし》の選手たちは、諦《あきら》めることなく白球を追いかけ続けた。野球を始めて2か月しかたっていない1年生の外野手がフライをグローブにおさめると、スタンドからは大歓声《だいかんせい》。投手を務《つと》めた3年生の首藤理仁《しゅどうりひと》は、真夏の暑さに苦しそうな表情《ひょうじょう》を浮《う》かべる場面もあったが、201球を投げぬき、4つの三振《さんしん》を奪《うば》った。

5回裏《うら》、青鳥特支《せいちょうとくし》のベンチに動きがあった。久保田監督《くぼたかんとく》が呼《よ》び寄《よ》せたのは、キャプテンの白子だ。

白子もまた、この試合に強い思いを持ってのぞんでいた。

凡退《ぼんたい》
打者がヒットや犠打《ぎだ》などを打つことができずにアウトになること。

たくさんの1年生が入部してくれて、単独《たんどく》チームを組めるようになったのは喜《よろこ》ぶべきことだったが、それと同時にベースボール部の中での競争が始まった。レギュラーの座《ざ》を勝ち取ろうと練習を重ねてきたが、身体的なハンディの大きい白子は、この試合のスタメンに名を連ねることはできなかった。

(悔《くや》しい……でも、みんなのためにベンチから応援《おうえん》しよう。自分にできることを精《せい》一杯《いっぱい》がんばろう)

そう切り替《か》えて、猛暑《もうしょ》の中で奮闘《ふんとう》するチームメイトたちを必死で励《はげ》まし続けた。

その白子に、ついに久保田《くぼた》監督《かんとく》から声がかかったのだ。

「5回の先頭、代打でいくぞ。悔《く》いのないよう、これまでやってきたことを全部出してこい!」

監督《かんとく》の言葉にうなずくと、白子はゆっくりと打席のほうへ歩んでいった。

マウンドには、背番号《せばんごう》「1」を付けた東村山西高のエースがいた。130km台のスピードボールをどんどん投げ込《こ》んでくる。

3ボール2ストライクからの6球目。タイミングを合わせてバットを出そうとしたが、振《ふ》りきる前に剛速球《ごうそっきゅう》がホームベースの上を通過《つうか》していた。うつむき加減《かげん》でベンチに帰ってきた白子の頭を、久保田監督《くぼたかんとく》がぽんぽんとやさしく叩《たた》いた。

後続の2人の打者も三振《さんしん》に倒《たお》れ、試合は終わった。

66－0という大差でのコールド負け。しかし、保護者《ほごしゃ》たちで埋《う》まった三塁側《さんるいがわ》のスタンドからは大きな拍手《はくしゅ》が送られた。部員たちは全員の力を合わせて15個《こ》のアウトを取り、試合を最後までやりきった。その姿《すがた》は、点差がどれだけ開こうとも、惜《お》しみない称賛《しょうさん》に値《あたい》するものだった。

球場の外側では、たくさんの報道陣《ほうどうじん》が選手たちを待ち構《かま》えていた。用意された椅子《いす》に腰《こし》かけた白子は、あふれる涙《なみだ》をタオルでぬぐいながら、こう話した。

「単独《たんどく》で出場できて、最後は打席にも立てて、悔《く》いはありません。みんなと野球ができて楽しかった。野球は僕《ぼく》の人生を変えてくれました」

白子にとっての高校野球は、この日で終わり。すでに暗くなり始めた夕空の下で、青春の余韻《よいん》をかみしめた。

岩本の周りにも多くの記者が集まっていた。ヒットの感触《かんしょく》、同級生が見事なアウトを取ったこと、最終回の白子の打席……質問《しつもん》に答えながら一つひとつの場面を思い返していくうち、涙《なみだ》が込《こ》み上げてきた。

試合に負けて泣いたのは初めてだった。

(みんな練習の成果を出しきったと思う。けど……それでもまだ、こんなにも差がつくなんて)

そんな悔《くや》しさもたしかにあったが、涙《なみだ》の主成分は別のものだった。

(お父さんとお母さんとお姉ちゃん、そしてじいじ。家族の支《ささ》えのおかげで、僕《ぼく》はここまでがんばってこられた。本当にありがとう)

感謝《かんしゃ》の思いとともに、新たな力も湧《わ》いてきた。この試合を最後に2人の3年生が引退《いんたい》し、青鳥特支《せいちょうとくし》ベースボール部は10人で再出発《さいしゅっぱつ》する。

先輩《せんぱい》の思いを引き継《つ》いで、もっと強いチームを作ろう――。

岩本は心の中で、静かにそう誓《ちか》ったのだった。

背番号《せばんごう》「1」

新チームの初戦は、2か月後に行われる秋の都大会だ。ベースボール部は夏休みの間も練習や練習試合を重ね、個々《ここ》の選手がレベルアップに励《はげ》んだ。

新チームにとって最大の課題となったのが、投手だ。夏の大会までマウンドに立っていた3年生が引退《いんたい》したため、代わりとなる投手を用意しなければいけなかった。

久保田《くぼた》監督《かんとく》が目をつけたのは3人の1年生だった。そのうちの1人が、岩本だ。

実は岩本は、夏の東村山西戦で投手を託《たく》された場面があった。しかしその時は、ほとんど投手の練習をしていなかったこともあり、打者を抑《おさ》えることができなかった。

（次こそはいい投球をして、夏の借りを返すんだ——）

そのために必要なのは、球威《きゅうい》を上げること。岩本は、体力強化と、体を大きく使って投げるための投球フォームの改良に乗り出した。

また、打撃《だげき》の面でも新たな練習を取り入れることに。一時帰国した父に相談し、「スイングスピードを上げることが大事だ」とアドバイスをもらった。そのために、重いバットと軽いバットの2本を用意し、それを交互《こうご》に振《ふ》るという練習を始めた。

その夏の間に、岩本は身体的にも大きく成長した。秋にかけて身長が3〜4㎝も伸《の》びたのだ。それでもまだ同じ世代の子どもに比《くら》べれば小柄《こがら》なほうだが、バットスイングも、投げるボールも、力強さが確実《かくじつ》に増《ま》した。

キャッチャーを務《つと》める2年生の後藤浩太《ごとうこうた》から「どんどん球が強くなってきたな!」と声をかけられることもあった。

秋の大会を1週間後に控《ひか》えた8月末、久保田監督《くぼたかんとく》から部員たちに背番号《せばんごう》が手渡《てわた》された。岩本にはエースナンバーである「1」が託《たく》された。

久保田監督《くぼたかんとく》はこう思っていたのだ。

(夏の大会を終えてから、岩本は、ショートに加えてピッチャーもがんばりたいという強い思いを示《しめ》してくれた。それに、夏の厳《きび》しい練習をやりぬいたことで、基礎《きそ》体力もだいぶついてきた。今のチームで背番号《せばんごう》「1」に最もふさわしいのは岩本。

その背中《せなか》でチームを引っぱってほしい）

岩本はちょっと緊張《きんちょう》しながら、その背番号《せばんごう》を受け取った。そして、こう気持ちを引き締《し》め直した。

（1番をつけるからには、しっかりとチームに貢献《こうけん》できるようにがんばろう）

2024年9月7日、秋の都大会の初戦は私立目白研心《しりつめじろけんしん》高校との対決となった。目白研心は、夏の大会（東東京大会）では4回戦まで進出した実力校だ。

先攻《せんこう》は青鳥特支《せいちょうとくし》。岩本の打席から試合が始まる。

初球から積極的に打ちに行く――そう決めていた通り、迷《まよ》わずバットを振《ふ》り抜《ぬ》くと、鋭《するど》い打球が投手の横を抜《ぬ》けた。追いついた二塁手《にるいしゅ》がカバーしたが、一塁《いちるい》への送球がそれて、セーフ！　内野安打が記録され、岩本は、夏に続いて1番打者の務《つと》めを果たした。

さらに3回には初の長打となるライトへの二塁打《にるいだ》も放ち、夏の練習の成果を存分《ぞんぶん》に示《しめ》した。

投手としては2回に登板。3回途中《とちゅう》でいったん降板《こうばん》したが、4回から再《ふたた》びマウンドに上がった。夏の大会では1つのアウトも取れなかったが、今回は6つのアウトを取れた。しかも、そのうち3つが三振《さんしん》だ。

この結果に、岩本は手ごたえを感じていた。

(前よりも球が速くなってる。夏の時より全然いいぞ)

それぞれの選手が成長を感じさせるプレーを見せたものの、試合の結果はまたも大差の5回コールド負けとなった。スコアは、偶然《ぐうぜん》にも夏と同じ66－0。他校との力の差は、依然《いぜん》として大きい。

それでも、試合を終えた岩本の目に涙《なみだ》はなかった。

チームメイトたち、そして応援《おうえん》に駆《か》けつけてくれた白子ら3年生たちと言葉をかわす表情《ひょうじょう》には、笑《え》みがあふれていた。

試合後、岩本はこう話した。

「みんな練習した成果を出せて、本当によかった。夏の大会と同じ点数で負けてしまったんですけど、そこはまだしょうがないかなという思いもあります。来年は部員を18人まで増《ふ》やしたい。そして、みんながやる気を出せるように僕《ぼく》がサポートしていきたいです」

夏の大会で負けた時とは対照的に、朗《ほが》らかな笑顔《えがお》だった。チームを引っぱる気持ちが芽ばえているところも、大きな変化だ。

次の目標は「まずは1点を取ること」。秋の大会でも得点《とくてん》のチャンスはあった。きっとそう遠くない未来に、その目標は達成できるだろう。

青鳥特支《せいちょうとくし》ベースボール部は、前キャプテンの白子から「いつか甲子園《こうしえん》に」という夢《ゆめ》を託《たく》されている。

憧《あこが》れの聖地《せいち》はまだまだはるか遠くにあるけれど、そこに近道はない。前を向き、一歩ずつ、歩みを進めていくしかない。

岩本は、チームの仲間たちと助け合いながら、自分にできることを精一杯《せいいっぱい》やろうと心に決めた。

（文／日比野恭三）

STORY. 4

最高の結《けっ》婚《こん》式《しき》のために

群馬県立高《たか》崎《さき》商《しょう》業《ぎょう》高等学校 ブライダル部

群馬県高《たか》崎《さき》市

丸山和葉（仮名）— Maruyama Kazuha

部活動紹《しょう》介《かい》を見てすぐにブライダル部に入部した1年生。

蒔田あかり（仮名）— Makita Akari

和《かず》葉《は》の同級生。和《かず》葉《は》にさそわれてブライダル部に入部する。

石川音羽（仮名）— Ishikawa Otoha

ブライダル部の部長。和《かず》葉《は》たちをやさしく指《し》導《どう》する。

ブライダル部ってなんだ⁉

「こんにちは！　私《わたし》たちはブライダル部です！」

群馬県立高崎《たかさき》商業《しょうぎょう》高校に入学してすぐの4月、体育館で行われた部活動紹介《しょうかい》で、丸《まる》山《やま》和《かず》葉《は》は今聞いた部活動の名前に耳を疑《うたが》った。

（え、ブライダル？　結《けっ》婚《こん》式《しき》のこと？　そんな部活があるの？）

「私《わたし》たちは、高校生ウエディングという、高校生がプロデュースする結《けっ》婚《こん》式《しき》のために日《ひ》々《び》活動しています」

（結《けっ》婚《こん》式《しき》を、高校生がやるってこと？）

和《かず》葉《は》は小学生の時に親《しん》戚《せき》のお姉さんの結《けっ》婚《こん》式《しき》に参加したことがあった。その時のキラキラした雰《ふん》囲《い》気《き》は今でもはっきりと覚えていて、いつか自分もこんな素《す》敵《てき》な式が挙げられたらな、と密《ひそ》かに憧《あこが》れていた。

思い出すだけでも、心がふわふわと浮《う》かぶような幸せな気持ちになってくる。結《けっ》婚式《こんしき》って本当にすごいんだ。

（やってみたいな。でも、私《わたし》には難《むずか》しいかもしれない。どうしよう）

悩《なや》みながらも、先輩《せんぱい》たちの紹介《しょうかい》からは目が離《はな》せない。

「結婚式《けっこんしき》にとってマナーはとても大切です。そのため、私《わたし》たちはグラスの運び方やシャンパンの注ぎ方など、基本的《きほんてき》な動作をしっかりと練習しています」

（マナーまで学べちゃうの!?）

和葉《かずは》は高校を卒業したらすぐに働くつもりだった。商業高校《しょうぎょう》に進学したのも、働くための技術《ぎじゅつ》や知識《ちしき》をいち早く得《え》られると思ったからだ。

先輩《せんぱい》たちも優《やさ》しそうだし、憧《あこが》れの結婚式《けっこんしき》に関わることもできる。それに、将来《しょうらい》の役に立つ礼儀《れいぎ》を身につけられる。

自分にとってこんなにぴったりな部活、ほかにないんじゃない？　というわくわくする気持ちが抑《おさ》えられない。

（こんなの、もう入るしかない……！）

和葉《かずは》はすぐに入部届《にゅうぶとどけ》を持って、ブライダル部の部室のドアを叩《たた》いた。

(もし、すごく厳《きび》しい部活だったらどうしよう)

緊張《きんちょう》しながらドアを開くと、そこは白い長机《ながづくえ》が並《なら》ぶ会議室のような部屋だった。

ただ、ふつうの会議室とは違《ちが》って、机《つくえ》の上にシャンパンのボトルが並《なら》んでいる。

「あ、新入生来た!」

先輩《せんぱい》たちが明るい笑顔《えがお》で和葉《かずは》を迎《むか》えてくれる。楽しそうな雰囲気《ふんいき》に、気持ちがふっとゆるんだ。

部長の石川音羽《いしかわおとは》先輩《せんぱい》は部活についての説明を終えると、和葉《かずは》をボトルが並《なら》んでいる机《つくえ》に案内した。

「早速《さっそく》だけど、シャンパンの注ぎ方を練習してみようか。ちょっとやってみるから、見ててね」

先輩《せんぱい》は片手《かたて》でボトルの底を持ち、ゆっくりと注ぎ口をグラスに傾《かたむ》けていった。水が細く流れ出し、静かにグラスに注がれていく。

(先輩《せんぱい》の姿勢《しせい》、すごくきれい……)

すぐに和葉《かずは》も先輩《せんぱい》をマネしてやってみたが、ボトルの底を持って注ぐのは初めてだ。水が一気に出てきて、ピチャピチャと雫《しずく》がはねる音がしてしまった。

「重たいけど、少しずつ水が出るようにゆっくり傾《かたむ》けてね。それから、ラベルをお客様に見えるようにしたいから、指で隠《かく》さないようにボトルを持ってみて」

「あ、そこまで考えてませんでした！」

「ふふふ、最初はみんなそうだよ」

和葉《かずは》は先輩《せんぱい》のお手本を思い出しながら、もう一度慎重《しんちょう》に水を注いでみる。

「おおー！　うまくなってる！　この調子でがんばってね！」

「そうそう、本当の結婚式《けっこんしき》でその腕前《うでまえ》を披露《ひろう》することになるかもしれないからね」

「ね、本当に披露《ひろう》できるといいんだけどねえ」

先輩《せんぱい》たちがふう、とため息をつく。その様子が少し気になった。

「本当に披露《ひろう》できたらいいなってどういうことですか？」

「実はね、私《わたし》たちも本当の結婚式《けっこんしき》には出たことがないんだ。コロナで結婚式《けっこんしき》が少なくなって、高校生ウエディングの依頼《いらい》もこなくなっちゃったんだよね」

「そうなんですか……」

「がっかりした？」

「いえ、こうやってグラスに注ぐ練習もほかではできないことで結構《けっこう》楽しいです！」

（結婚式《けっこんしき》、ちょっと不安だったから、ちょうどよかったのかもしれない）

「それならよかった！　結婚式《けっこんしき》の準備《じゅんび》はもちろんするけど、それ以外の活動もいろいろやるからね。楽しみにしてて」

「はい！　私《わたし》、入部します！」

感謝《かんしゃ》されるということ

「夏休みはワークショップをやるから、その準備《じゅんび》をしていこう」

部活で音羽先輩《おとはせんぱい》がプリントを手渡《てわた》しながら和葉《かずは》に言った。

「ワークショップでは、ハーバリウムを作るんだ」

「ハーバリウム？　ってなんですか」

「こういうやつだよ」

先輩《せんぱい》が見せてくれたのは、小さなビンだった。中に花が入っていて、リボンでかわいく飾《かざ》りつけされている。

「うわあ、かわいい！」

「でしょー。ビンの中にオイルが入っていて、いつまでも花が楽しめるんだ」

透明《とうめい》な液体《えきたい》の中に浮《う》かぶ花が、光を通してキラキラと輝《かがや》いて見える。

「すごくきれいですね」

ハーバリウム
小瓶《こびん》などに入れた花をオイル漬《づ》けしたもの。手入れをしなくても花が保存《ほぞん》できるのでインテリアの飾《かざ》りなどに使われる。

「これをお客さんに作ってもらうから、和葉《かずは》も作り方を身につけてね」

「はい！」


夏休みのある日、ワークショップは高崎駅前《たかさきえきまえ》にあるショッピングセンターで行われた。会場は4階のファッションフロアの一角で、服やアクセサリーを見ているお客さんが行き来していた。いつもの部活とは違《ちが》って、学校外の人を相手にしなければならないので、緊張《きんちょう》してくる。

（知らない人ばっかりだ。大丈夫《だいじょうぶ》かな……）

「部活で練習してる接客《せっきゃく》のやり方を思い出しながらがんばって！」

不安そうな和葉《かずは》の表情《ひょうじょう》に気づいたのか、先輩《せんぱい》が励《はげ》ましの声をかけてくれる。

「が、がんばります！」

「ほら、さっそく来たよ」

先輩《せんぱい》に背中《せなか》を押《お》されて、和葉《かずは》は小学生の子どもを連れた親子を案内した。

「ようこそお越《こ》し下さいました。こちらのお席へどうぞ」

手で行き先を示《しめ》し、ゆっくりと席へ向かう。

音を立てないように椅子《いす》を引いて、親子に座《すわ》ってもらう。

「ハーバリウムの作り方をご説明いたします。こちらのプリントをご覧下《らんくだ》さい」

和葉《かずは》は先輩《せんぱい》たちに習ったことを思い出しながら、作り方を説明した。頭の中が真っ白で、ちゃんとしゃべれているかわからないまま、夢中《むちゅう》で口と手を動かす。

そうしていたら、少しずつ落ち着いてきた。

一生懸命《いっしょうけんめい》、花を整えている小学生の小さい手がかわいい。顔を見てみると、少し困惑《こんわく》した表情《ひょうじょう》をしているように見えた。

(もしかして、うまくできなくて困《こま》っているのかな)

「花はね、なるべく短いものから先に入れるときれいにできるよ」

和葉《かずは》は小さい花を小学生に渡《わた》してあげた。小学生はそれを受け取り、ビンの中にそっと入れる。花がビンの中に並《なら》んでいくと、その子の顔がぱあっと明るくなった。

「本当だ!」

「上手にできたね!」

親子は出来上がったハーバリウムを見て満面の笑《え》みになった。

「お姉ちゃん、ありがとう!」

「どういたしまして!」

小さい子が喜《よろこ》ぶ笑顔《えがお》が本当にうれしい。和葉《かずは》は心の中に温かいものが広がるのを感じた。こうやって知らない人に感謝《かんしゃ》の言葉を投げかけられたのはいつぶりだろう。

(仕事をがんばると、こうやって感謝《かんしゃ》されることもあるのかな)


「……っていうことがあったんだよね」

お昼の時間、和葉《かずは》はクラスメイトの蒔田《まきた》あかりとお弁当《べんとう》を食べながらワークショップであったことを話した。

あかりとは入学当初からのつき合いで、いつもお昼ご飯を一緒《いっしょ》に食べている。趣味《しゅみ》が合うから話していて楽しいし、休み時間も学校から帰る時も常《つね》に2人で行動している。高校で初めてできた親友だ。

「いいなあ、すごく楽しそうだね」

あかりにはいつもブライダル部の話を聞いてもらっている。部活は今でも楽しいけれど、あかりと一緒《いっしょ》にいられたら更《さら》に楽しくなるのにな、と和葉《かずは》は思っていた。

「ブライダル部、楽しいよ！　先輩《せんぱい》たちも優《やさ》しいし、マナーも身につけられる！将来《しょうらい》役に立つこと間違《まちが》いなし！」

和葉《かずは》の宣伝《せんでん》にあかりがあははと笑う。

「それはお買い得《どく》だねえ」

「そうでしょ！　……ということで、あかり。あかりもブライダル部に入らない？」

「うん、入ろっかな」

「え、ほんと？」

「和葉《かずは》の話を聞いてたら、私《わたし》もやりたくなってきちゃった。ブライダル部」

「やった！　うれしい！　これで部活がもっともっと楽しくなるよ！」

結《けっ》婚《こん》式《しき》、本当にやるの⁉

「ねえ、和葉《かずは》見て！」

あかりが得意《とくい》げな顔で和葉《かずは》を見ている。その腕《うで》にはお皿が３枚《まい》も乗っていた。

「えっ、すごい！」

これは結《けっ》婚《こん》式《しき》場《じょう》でお客さんに料理を配膳《はいぜん》する練習だ。式では、たくさんのテーブルにお皿を運ばなければならないので、一度に３枚《まい》のお皿を運ぶこともある。もちろん、本当の結《けっ》婚《こん》式《しき》ではお皿の上には料理が載《の》っているから、それがこぼれないようにしなくてはならなくて難《むずか》しい。

「やっとうまくいくようになったよ。うれしい！」

「あかり、何回も繰《く》り返しがんばってたもんね」

あかりがブライダル部に入ってくれて、和葉《かずは》はますます部活が楽しくなった。

（あー、この時間がずっと終わらなければいいのになあ）

ところが、転機はある日突然《とつぜん》訪《おとず》れた。

「ねえ、2人ともすごいよ！　本当に結婚式《けっこんしき》をすることになった！」

音羽《おとは》先輩《せんぱい》が興奮《こうふん》した様子で和葉《かずは》たちに駆《か》けよってきた。

「え、ほんとですか！」

「うん、くわしくはあとで話すね。ずっとやれなかった結婚式《けっこんしき》がついにできるね！」

先輩《せんぱい》たちの話によると、ブライダル部のOGが今度結婚式《けっこんしき》を挙げることになり、そのプロデュースをブライダル部に任《まか》せたい、ということだった。

「本当にやるんだね」

「うん、びっくり……だね」

和葉《かずは》とあかりはお互《たが》いの目を見てうなずいた。

和葉《かずは》とあかりは学校が休みの日でもよく一緒《いっしょ》に出かける。今日は高崎駅前《たかさきえきまえ》に2人で遊びに来ていた。お互《たが》いが欲《ほ》しい物を買った後カラオケに行き、お気に入りの曲を歌う。好きなことが思いっきりできる最高の時間だ。

「ねえ、あかり。部活のことだけどさ、本当に結婚式《けっこんしき》をやるんだよね」

「そうだね。どうしたの？　心配してる？」

「うん……。私《わたし》さ、結婚式《けっこんしき》をやるっていうことは知ってたんだけど、まさか本当にやるとは思ってなかったところがあって」

「うん、わかるかも」

「私《わたし》ね、小学生の時に親戚《しんせき》のお姉さんの式に参加したことがあるんだけど、すごかったんだ。お姉さんすごい幸せそうで」

「そうなんだね」

「結婚式《けっこんしき》って、私《わたし》にとっては夢《ゆめ》みたいっていうか現実《げんじつ》じゃない感じがして、それを実際《じっさい》にやるってなるとちょっと不安に感じちゃってるんだよね」

結婚式《けっこんしき》のために日々《ひび》練習をしていたはずなのに、いざ本当にやるとなると、その決心がついていなかったことに気づかされた。結婚式《けっこんしき》が素晴《すば》らしいものだと思っているからこそ、その仕事を引き受けるのには覚悟《かくご》が必要な気がする。

あかりは和葉《かずは》の話をうなずきながら聞いてくれた。

「実はね、私《わたし》も同じように思ってたんだ。でも、和葉《かずは》はきっとできると思うよ。だって、人のためにがんばる時の和葉《かずは》はすごく楽しそうだから」

「本当に⁉」

自分では意識《いしき》していなかったけれど、あかりにそう言ってもらえると不思議と信じられる気がした。まだ、不安があることに変わりはないけれど、和葉《かずは》の中で覚悟《かくご》が決まった気がする。

「そうだね、がんばるしかないよね」

「うん、いい式にできるよう、がんばろうね」


それから間もなく、結婚式《けっこんしき》の打ち合わせが始まった。

結婚式《けっこんしき》を挙げる先輩《せんぱい》夫婦《ふうふ》が部室にやってきて、話をしてくれる。

「みなさんこんにちは。私《わたし》もこの部活のOGで、高校生の時には結婚式《けっこんしき》のプロデュースをしたんです。とてもよい経験《けいけん》でした。でも、最近はコロナの影響《えいきょう》もあってなかなか高校生ウエディングができていないって話を聞いて、残念だなって思ってたんです。そんな時に……」

新婦《しんぷ》が新郎《しんろう》の顔をのぞき込《こ》んでにっこりと微笑《ほほえ》む。

「私《わたし》たちが結婚《けっこん》することになって、私《わたし》たちの結婚式《けっこんしき》で高校生ウエディングを経験《けいけん》してもらえたらいいなって思ったんです」

新郎《しんろう》もにこやかにうなずく。2人が話している様子がとても温かい。

さっそく、結婚式《けっこんしき》をどんな雰囲気《ふんいき》に演出《えんしゅつ》していくのがよいかを考えるために、ブライダル部と新郎新婦《しんろうしんぷ》がお互《たが》いをよく知ることから始めていく。

「先輩《せんぱい》たちはどんな曲が好きですか?」

「好きなお花はありますか?」

部員の質問《しつもん》に、新郎新婦《しんろうしんぷ》は1つひとつ丁寧《ていねい》に答えてくれた。答える前に、2人は必ずお互《たが》いの顔を見ている。相手のことを思いやって答えている様子が和葉《かずは》の目にまぶしく映《うつ》った。

(本当に仲がよさそうな2人だな……)

2人から話を聞くにつれて、和葉《かずは》の心の中から結婚式《けっこんしき》をすることに対する不安が薄《うす》れていった。２人のためにがんばりたい。そう思うと、力が湧《わ》いてくる気がする。

「ねえ、あかり。絶対《ぜったい》いい式にしたいね」

「うん！　私《わたし》、この２人に幸せになってほしいなってすごく思っちゃった」

あかりの表情《ひょうじょう》も明るく、和葉《かずは》と同じ気持ちになっていることが伝わってきた。

「あ、そうだ！　私《わたし》たち、みんなに協力してもらいたいことがあったんです！」

新婦《しんぷ》が新郎《しんろう》のほうを見て、いたずらっぽく笑う。

「フラッシュモブ！　サプライズで一緒《いっしょ》に踊《おど》ってもらいたいんです」

（えー!?）

フラッシュモブ
通りすがりの人など、一見関係のない人たちが集まって一瞬《いっしゅん》のパフォーマンスを行うこと。参加者は事前の呼《よ》びかけで仕込《しこ》まれている。

最高の結婚式《けっこんしき》に向けて

和葉《かずは》たちが頼《たの》まれたフラッシュモブは音楽に合わせて男役と女役がペアになってダンスをする、というものだった。

和葉《かずは》はもちろんあかりとペアになる。

「ねえ、あかり！　私《わたし》、フラッシュモブなんてやったことないんだけど」

「私《わたし》もだよ！　緊張《きんちょう》しちゃう。とりあえず、どんなダンスか見てみよう」

依頼《いらい》されたダンスの曲を聴《き》いて、和葉《かずは》はハッとした。

「あ！　この曲知ってる！　昔お姉ちゃんと一緒《いっしょ》に踊《おど》ったことあるやつだ！」

「え、ほんと!?」

「こうやってこう踊《おど》るの」

お姉ちゃんが男役のダンスをしていたので、和葉《かずは》は女役をやらされていた。その時に覚えた動きを思い出しながら、軽く踊《おど》ってみる。

思ったよりも体が覚えていて、スムーズに踊《おど》ることができた。

「上手！　これならきっとうまくいきそうだね」

けれども、実際《じっさい》に2人で練習を始めてみたら、そう簡単《かんたん》ではないことがすぐにわかった。

「今の動き、ちょっとずれちゃったね」

「私《わたし》、また左右逆《ぎゃく》になっちゃった……」

遊びで踊《おど》っているのであれば、ちょっとしたミスは笑って済《す》ませられる。

(でも、これは遊びじゃない……)

和葉《かずは》は新婦《しんぷ》の先輩《せんぱい》が実際《じっさい》に高校生ウエディングをした時の話を思い出していた。

「高校生ウエディングをやってよかったのは、やっぱり誰《だれ》かの幸せのためにがんばれたってことだと思います。でも、プレッシャーも大きかったんです。だって、結《けっ》婚式《こんしき》っていうのはやり直すことができない重大なイベントで、それを私《わたし》たちに任《まか》せてくれたってことは、それだけ期待されてたってことだと思うからです」

(先輩夫婦《せんぱいふうふ》もきっと私《わたし》たちに期待をしてくれているんだ)

一生に一度の結婚式《けっこんしき》で披露《ひろう》するダンス。絶対《ぜったい》にミスはできない。

「もっとちゃんとできないとだめだよね」

「そうだね。動画を撮《と》りながら練習してみよう」

和葉《かずは》とあかりは細かい動きも完璧《かんぺき》にできるように、何度も繰《く》り返し踊《おど》った。

ふだんの接客《せっきゃく》の練習にも力が入る。シャンパンを注ぐ練習も、お皿を運ぶ練習も、これから本当の結婚式《けっこんしき》で実際《じっさい》にやるとなると、細かいところまで気になってくる。

本番は、シャンパンを注ぐ私《わたし》たちの手つきを見るお客さんがいる。

お皿には本物の料理が載《の》っていて、きっと温かくて重みがある。シェフの人が作ってくれた料理を間違《まちが》ってもこぼしてしまってはいけない。

いつも真剣《しんけん》にやっていた練習だが、より一層《いっそう》の緊張感《きんちょうかん》を持ったものになる。

でも、和葉《かずは》たち以上に大変そうなのは先輩《せんぱい》たちだ。人数が足りない中、式の進行を考えたり、会場の装飾《そうしょく》の準備《じゅんび》をしたりと忙《いそが》しそうにしている。

部室では長机《ながづくえ》をつなぎあわせて、先輩《せんぱい》たちがいくつかのグループでうんうんとうなっていた。

「うーん、どうしようかなあ」

「先輩《せんぱい》、何を悩《なや》んでいるんですか？」

和葉《かずは》とあかりは様子を見つつ先輩《せんぱい》に話しかけた。

「引き出物のことなんだけど、もっと楽しくできないかな、って思って」

「引き出物？」

「披露宴《ひろうえん》の後に新郎新婦《しんろうしんぷ》から参加者の方たちに、引き出物っていう贈《おく》り物をするんだけど、そこも工夫《くふう》したいなって思って」

「どうせもらうなら、好きな物が欲《ほ》しいですよね」

あかりが言う。

「でも、欲《ほ》しいものって人によって違《ちが》いますよね」

和葉《かずは》とあかりが頭を悩《なや》ませていると、先輩《せんぱい》がぱっと目を輝《かがや》かせた。

「あ！　いいこと思いついた！　引き出物をこうすることができたら……」

「そのアイデアすごく楽しいですね！」

引き出物
結婚式《けっこんしき》の招待客《しょうたいきゃく》に新郎新婦《しんろうしんぷ》から贈《おく》られる品物。

披露宴《ひろうえん》
挙式の後にゲストをもてなすパーティーのこと。新郎新婦《しんろうしんぷ》が結婚《けっこん》したことを親族や友人などにお披露目《ひろめ》する場。料理を食べたり、スピーチや余興《よきょう》などが行われたりする。

「うん、これでいこう！」

別の先輩《せんぱい》は紙を手に司会進行の練習をしている。

「素敵《すてき》なダンスをありがとうございました。改めて大きな拍手《はくしゅ》をお願いいたします」

（あ、フラッシュモブのところだ）

「2人もダンス踊《おど》るんだよね。どう、うまくできてる？」

「まだまだなんですけど、本番までにしっかり踊《おど》れるようにしておきます！」

「お願いね。きっとここ、すごく盛《も》り上がるところだから」

そう言われると、本番のことが意識《いしき》されて気が引き締《し》まる。

先輩《せんぱい》たちが手にしている司会の紙を見ると、そこにはびっしりと書き込《こ》みがしてあった。

「うわあ、すごい」

「ああ、これ？　準備《じゅんび》してみてわかったけど、司会ってただ決まったセリフを言うだけじゃないんだ。タイミングがすごく大事なの」

「タイミング、ですか？」

「音楽に合わせて次のイベントの案内をしたりするんだけど、進めるのが遅《おそ》すぎたりすると、もたもたした感じが出ちゃう。逆《ぎゃく》に、一番感動するシーンで司会がさくさく次の展開《てんかい》を進めちゃったら、興《きょう》ざめになっちゃう。だから、たっぷりと間をあけてから次に進めるほうがいいこともある。なるべく本番をリアルにイメージしながら、いつセリフを言えばいいのか全部考えてるんだ」

「先輩《せんぱい》、さすがです！」

これは仕事なんだ、と和葉《かずは》は強く感じた。自分たちのためにやるというよりも、新郎新婦《しんろうしんぷ》さん、そしてお客さんのために全力を尽《つ》くす。こんな部活、なかなかないと思う。

「だって、絶対《ぜったい》いい結婚式《けっこんしき》にしたいもんね。みんなで精一杯《せいいっぱい》がんばろう！」

「はい！」

結婚式《けっこんしき》本番！

ブライダル部は新郎新婦《しんろうしんぷ》と綿密《めんみつ》な打ち合わせを重ね、結婚式《けっこんしき》を迎《むか》えた。

（うう、緊張《きんちょう》してきた……）

結婚式場《けっこんしきじょう》にはきれいなガーデンがあり、まずはそこで挙式が行われる。

先輩《せんぱい》が司会とアテンドの仕事を担当《たんとう》してくれたので、和葉《かずは》たちは来てくれたお客さんたちに飲み物と軽食を配る役割《やくわり》を担《にな》った。

（どうしよう、いきなり声をかけるのって難《むずか》しいよ……）

その時、結婚式場《けっこんしきじょう》のスタッフさんたちが洗練《せんれん》された所作でお客さんたちに近づき、飲み物の注文を聞いている姿《すがた》が目に入った。

（さすがプロ……。でも、私《わたし》も負けてられない！）

「こちらのお飲み物をどうぞ」

「ありがとう」

挙式
新郎新婦《しんろうしんぷ》が結婚《けっこん》を誓《ちか》い合う儀式《ぎしき》のこと。例えば、キリスト教式の場合、新婦《しんぷ》がバージンロードを歩いたり、牧師の前で結婚《けっこん》の誓《ちか》いをしたりする。

アテンド
新郎新婦《しんろうしんぷ》に一日寄り添《よそ》い、様々《さまざま》なサポートをする仕事。

（ちゃんとできてる、よね）

ふだんの活動を意識《いしき》しながらお辞儀《じぎ》をする。先輩《せんぱい》が（その調子！）とウインクをしてくれたので和葉《かずは》はほっとした。

新郎新婦《しんろうしんぷ》の親族や友人の方たちはとても優《やさ》しい雰囲気《ふんいき》で、和葉《かずは》の緊張《きんちょう》もほどけていく。みんな楽しそうに談笑《だんしょう》をしていて、和葉《かずは》まで楽しい気分になってきた。

ガーデンのテーブルや木の葉、人々《ひとびと》の笑顔《えがお》が白く輝《かがや》いていて、太陽までもがこの日を祝福しているように見える。

（みんなのお祝いの気持ちがあふれてるみたい）

――それではこれより挙式を始めます。皆様《みなさま》お席へご移動《いどう》下さい。

先輩《せんぱい》の声がマイクで響《ひび》くと、会場はすーっと静かになった。

神父さんが現《あらわ》れ、厳《おごそ》かな空気になる。その瞬間《しゅんかん》、和葉《かずは》は思い出した。

（そうだ、自分は式を支《ささ》えるスタッフなんだ。一緒《いっしょ》に楽しんでちゃだめだ）

気を引き締《し》めて、姿勢《しせい》を正す。

新郎新婦《しんろうしんぷ》が現《あらわ》れ、神父の前で愛を誓《ちか》う。

どこか照れるように微笑《ほほえ》んでいる新婦《しんぷ》さんと、優《やさ》しく見つめる新郎《しんろう》さん、そして祝福するみんなの姿《すがた》を見ていたら、和葉《かずは》の目に温かい涙《なみだ》がにじんできた。

（本当に幸せそう。ああ、結婚式《けっこんしき》ってすごいなあ）

その後は披露宴《ひろうえん》へと移《うつ》り、ガーデンの隣《となり》の建物で料理が振《ふ》る舞《ま》われる。

和葉《かずは》たちはサービス担当《たんとう》として、料理を運んだり飲み物の注文を受け取って届《とど》けたりする仕事をした。

（部活で何回も練習したけど、全然違《ちが》う！）

部活では相手役も部員でよく知っている人だったけど、本番は違《ちが》う。よく知らない人に対して失礼のないように振《ふ》る舞《ま》うことは想像《そうぞう》以上に気を遣《つか》うことだった。

それに、通路も思っていたより狭《せま》い。お客さんたちは後ろを通る和葉《かずは》たちに気付いていないこともあるからぶつかりそうになる。

（あ！）

――カチャカチャーン！

右手で使用済《しようず》みのフォークを取ろうとした時、左手に持っていたスプーンを落としてしまった。

（ちゃんと両方の手に意識《いしき》を配らないといけないんだ）

すぐに落としたスプーンを拾って事なきを得《え》る。

（あわてちゃだめ）

和葉《かずは》は大きく息を吸《す》い込《こ》んで周りを見た。あかりも一生懸命《いっしょうけんめい》、給仕の仕事をしている。ふと目が合って、にっこりと微笑《ほほえ》んでくれる。

（あかりもがんばってる。私《わたし》もがんばろう）

「失礼いたします。メインのお料理をお持ちしました」

「どうもありがとう。あなたたち高商の子でしょ？　本当に立派《りっぱ》ね」

「はい！　ありがとうございます！」

（よーし、もっとがんばるぞ！）

――それでは、新郎新婦《しんろうしんぷ》のお色直しです。引き続きご歓談《かんだん》下さい。

（フラッシュモブのタイミングだ！）

お色直し
新郎新婦《しんろうしんぷ》が披露宴《ひろうえん》の途中《とちゅう》で席を外してドレスなどの衣装《いしょう》を着替《きが》えること。

和葉《かずは》はあかりに目配せをする。あかりも和葉《かずは》を見つけてうなずいた。

いよいよフラッシュモブが始まる。和葉《かずは》はゲストに気取《けど》られないよう、こっそり会場の隅《すみ》に移動《いどう》した。

「本番はやっぱり違《ちが》うね」

「うん、私《わたし》、声が小さいからさ、最初なかなか聞き取ってもらえなくて大変だった」

「そうだよね、会場がこんなにざわざわしてるなんて思ってなかったよ」

「そうそう。あと、笑顔《えがお》！　緊張《きんちょう》でガッチガチになっちゃってたから、マスクの上からでもわかるようにすごい強調した」

あかりが本当にマスクの上からでもわかる、満面の笑《え》みを見せてくれる。

「あはは！　すごいね」

「でも、一番心配なのはこれからやるフラッシュモブ。人前で踊《おど》ったことなんてないから恥《は》ずかしいよ」

「私《わたし》も！　一緒《いっしょ》にがんばろ！」

——お色直しした新郎《しんろう》新婦《しんぷ》の登場です。皆様《みなさま》、拍手《はくしゅ》でお迎《むか》え下さい。

（いよいよだ！）

新郎《しんろう》新婦《しんぷ》の2人が新しい衣装《いしょう》で会場に登場し、ゆっくりと席へと移動《いどう》する。2人が席に戻《もど》った瞬間《しゅんかん》、明るい音楽が流れ始めた。2人が音楽に合わせて踊《おど》り出す。和葉《かずは》たちもそれに合わせて一緒《いっしょ》に踊《おど》り始めた。

突然《とつぜん》の出来事に会場がざわつき、みんながキョロキョロと周りを見回す。みんなの視線《しせん》が注がれて、和葉《かずは》は緊張《きんちょう》で頭が真っ白になった。けれどその時、会場に手拍子《てびょうし》が鳴り響《ひび》いた。音楽に合わせてみんなが体を揺《ゆ》らす。

横で一緒《いっしょ》に踊《おど》るあかりが楽しそうな顔を和葉《かずは》に向ける。

（あかり、すっごい楽しんでる。私《わたし》もいける気がする！）

勢《いきお》いに任《まか》せて体を動かすと、緊張《きんちょう》がするすると解《と》けていった。ノリノリで踊《おど》るあかりに合わせていくうちに、和葉《かずは》のダンスもキレが増《ま》していく。

ゲストをはさんで2人の目の前では、新郎《しんろう》さんと新婦《しんぷ》さんが踊《おど》っている。満面の笑《え》みで踊《おど》る新婦《しんぷ》さんは本当に可愛《かわい》くて、こんなに可愛《かわい》い人のためにがんばってると考えると、和葉《かずは》は幸せな気持ちがあふれてきた。

音楽のフィナーレにワッ！　と拍手《はくしゅ》が鳴る。

「いやあ、思ったより楽しかったね～」

あかりがテンション高く和葉《かずは》に言う。

「私《わたし》は緊張《きんちょう》したよ～。あかりがいてくれてよかった」

「和葉《かずは》のダンスもよかったよ！」

和葉《かずは》があかりの手を握《にぎ》ると、２人の手はまだ興奮《こうふん》の熱を持っていた。

結婚式《けっこんしき》を終えて

最後の仕事は引き出物マルシェだ。ブライダル部が考えた披露宴《ひろうえん》の企画《きかく》の一つで、参列者の方々《かたがた》に好きな組み合わせで引き出物を選んでもらう、というものだ。スープや調味料、お菓子《かし》などがテーブルの上に所狭《ところせま》しと並《なら》んでいる。

「おすすめはある？」

「もしお料理とかされるのであれば、こちらの調味料がおすすめですよ！」

「じゃあ、それにするね。ありがとう」

「どういたしまして！」

「何か子どもたちが食べられるものあります？」

「こちらのチョコ、人気です！　ラスト一個《こ》ですよ！」

お客さんたちがにこやかに引き出物を受け取ってくれる。企画《きかく》は大成功だ。

（人にありがとうって言ってもらえるのが、やっぱり私《わたし》は好きみたい）

――それでは最後に、新郎《しんろう》よりご挨拶《あいさつ》いただきます。

披露宴《ひろうえん》もクライマックス。新郎《しんろう》がこれまで育ててくれた家族への感謝《かんしゃ》、そして新《しん》婦《ぷ》と築《きず》き上げていく新しい家族への想《おも》いを述《の》べているのを聞くと、これまでの2人の人生やこれからの2人の姿《すがた》が頭に浮《う》かんできて、思わず涙《なみだ》ぐんでしまう。

周りを見ると、感動の涙《なみだ》を目に浮《う》かべている人たちがいっぱいいた。

(やっぱり、結婚《けっこん》っていいなあ……)

新郎新婦《しんろうしんぷ》の2人がみんなに向かって頭を下げる。和葉《かずは》は2人の幸せな未来を願って、力いっぱい拍手《はくしゅ》をした。

後片《あとかた》づけが終わり、あかりとほっとひと息つく。結婚式場《けっこんしきじょう》はさっきまでの賑《にぎ》わいが嘘《うそ》のように静まりかえっていた。

「疲《つか》れたー」

「無事終わってよかったねえ」

「楽しかったけど、結婚式《けっこんしき》ってこんなに大変なんだね。私《わたし》、働くってどういうことなのかがわかってきた気がする」

仕事にはプレッシャーがあること。それは学校の勉強ではすることができなかった経験《けいけん》だった。

「でも、あかりがブライダル部に入ってくれてよかったよ。すごく心強かった」

「私《わたし》もだよ。和葉《かずは》がいてくれてよかった。きっと1人じゃできなかったよ」

仕事って1人でもがんばらなくちゃいけないものだと思ってたけど、そうじゃないんだ、と和葉《かずは》は思った。仕事には責任《せきにん》があるからこそ、1人で背負《せお》うのではなくて、誰《だれ》かと支《ささ》え合って成し遂《と》げるものなんだ。

「またやりたいね」

「うん、次も絶対《ぜったい》に最高の結婚式《けっこんしき》をやろうね！」

あかりと一緒《いっしょ》ならきっとできる。和葉《かずは》は次はどんな人たちの幸せをお手伝いできるのだろう、と未来の結婚式《けっこんしき》を想像《そうぞう》して心を弾《はず》ませた。

（文／近江屋一朗）

STORY. 5

自分が求めていた場所

岩倉《いわくら》高等学校　鉄道模型部《てつどうもけいぶ》

東京都台東《たいとう》区

堀口煌介 ― Horiguchi Kosuke

鉄道模型部《てつどうもけいぶ》の3年生。
モジュール班《はん》。

岩尾佳樹 ― Iwao Yoshiki

鉄道模型部《てつどうもけいぶ》の3年生。
モジュール班《はん》。

大日方樹 ― Obinata Itsuki

鉄道模型部顧問《てつどうもけいぶこもん》の先生。
元鉄道会社の運転士《うんてんし》。

有延夏音 ― Arinobu Kanon

鉄道模型部《てつどうもけいぶ》の3年生。HO車輌班《しゃりょうはん》。

源川頼 ― Minagawa Rai

鉄道模型部《てつどうもけいぶ》の2年生。
モジュール班《はん》。

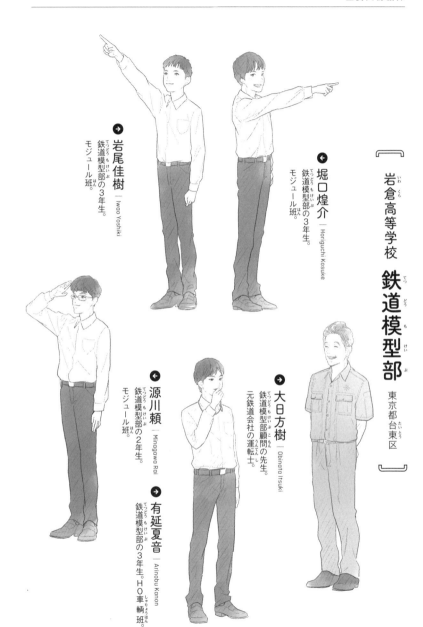

体《たい》育《いく》会《かい》系《けい》の文化部？

東北《とうほく》・上越新幹線《じょうえつしんかんせん》や地下鉄など、さまざまな電車が行き交《か》うターミナル・上野駅。入谷口《いりやぐち》を出て道路を1本はさんだ向かいに建つのが、岩倉《いわくら》高校だ。

ガラス張《ば》りの校舎《こうしゃ》には、室内にもかかわらず踏切《ふみきり》の信号機と遮断機《しゃだんき》、さらには蒸《じょう》気《き》機関車・D51の模型《もけい》が見える。5分の1サイズで製作《せいさく》されたこのSLは20年以上かけて代々《だいだい》の生徒が作り上げた作品であり、道ゆく人はこの学校がいかに鉄道《てつどう》と縁《えん》が深いかを思い知ることになる。

堀口煌介《ほりぐちこうすけ》は千葉県千葉市の自宅《じたく》から1時間半をかけて、岩倉高校の校門の前に立っていた。両親や中学時代の先生から、「鉄道《てつどう》関係の仕事に就《つ》きたいなら、専門的《せんもんてき》に学べる岩倉高校に進むのがいいんじゃない？」と勧《すす》められたからだ。

岩倉高校には「運輸科《うんゆか》」という学科があり、鉄道《てつどう》・運輸《うんゆ》業界で即戦力《そくせんりょく》として働ける人材を育成している。運輸科《うんゆか》の科目は「数学」「国語」「英語」などに交じって、

D51
日本で設計《せっけい》、製造《せいぞう》された蒸気機関車《じょうききかんしゃ》。1936年から1945年までに1000両以上製造《せいぞう》され「デゴイチ」の愛称《あいしょう》で親しまれた。

「鉄道概論《てつどうがいろん》（鉄道《てつどう》の歴史《れきし》、鉄道《てつどう》を構成《こうせい》するものの基礎的《きそてき》な知識《ちしき》）」や「運転業務《うんてんぎょうむ》」「ホスピタリティ」「旅行実務《じつむ》」といった特殊《とくしゅ》なカリキュラムも組まれている。堀口《ほりぐち》は岩倉高校で学び、いずれは鉄道《てつどう》マンになることを夢見《ゆめみ》ていた。

物心がついたころから、堀口《ほりぐち》は電車に魅了《みりょう》されてきた。自宅《じたく》のすぐそばを走る私《し》鉄《てつ》、京成電鉄《けいせいでんてつ》の車両を目を輝《かがや》かせて眺《なが》めていた。休日が来るたび、父に「電車に乗ろうよ」とせがみ、関東周辺を回った。

先頭車両に乗り込《こ》み、ガラス越《ご》しに運転士《うんてんし》の運転技術《ぎじゅつ》に目をこらす。プラットホームにいる駅員に勇気を出して声をかけると、駅員は自身の制帽《せいぼう》を堀口《ほりぐち》にかぶせて写真を撮《と》らせてくれた。堀口《ほりぐち》にとって、京成電鉄《けいせいでんてつ》の駅員はヒーローだった。いつも遊ぶおもちゃは、鉄道玩具《てつどうがんぐ》のプラレール。お気に入りの車両は京成《けいせい》スカイライナーだ。

小学生のころまでは、自分が鉄道《てつどう》ファンであることを胸《むね》を張《は》って宣言《せんげん》できた。しかし、中学生になって鉄道模型《てつどうもけい》のNゲージを集め始めたころになると、堀口《ほりぐち》の心《しん》境《きょう》にある変化が生まれた。

京成電鉄《けいせいでんてつ》
東京都と千葉県に鉄道《てつどう》路線がある私営《しえい》の鉄道《てつどう》会社。

プラレール
おもちゃ会社のタカラトミーから発売されている鉄道模型《てつどうもけい》。青いプラスチックのレールの上を走らせることができる。

京成《けいせい》スカイライナー
東京都から成田《なりた》空港までを結ぶ特急列車。

Nゲージ
レールの幅《はば》が9㎜で統《とう》一《いつ》されている鉄道模型《てつどうもけい》。電力で専用《せんよう》のレールを走らせることができる。

(自分が鉄道《てつどう》好《ず》きって呼《よ》ばれたくないな……)

ニュースを見ると、一部の鉄道《てつどう》ファンによる迷惑行為《めいわくこうい》が報《ほう》じられていた。鉄道《てつどう》の写真を撮《と》りたいがために自分勝手にふるまい、駅員に厳《きび》しく注意される。そんなシーンを目にするたびに、自分が鉄道《てつどう》ファンであることを隠《かく》したくなったのだ。

ところが、岩倉高校では世界が一変した。運輸科《うんゆか》の教室では、当たり前のように鉄道《てつどう》の話題が飛び交《か》う。始業に遅《おく》れている生徒がいると、どこからともなく「今日は◯◯線が遅《おく》れているからな」とダイヤ情報《じょうほう》を話す生徒の声が聞こえてくる。

クラス内では、会話の中ではこんな戦いもあった。

「◯◯線の車両、ダサくて最悪だよな」

「はぁ？　何言ってんの。お前の好きな△△線よりマシだろ？」

「ふざけんなよ！」

鉄道《てつどう》を愛する者ゆえの、譲《ゆず》れない戦いがそこにあった。

中学までは鉄道《てつどう》の知識《ちしき》は誰《だれ》にも負けたことはなかった堀口《ほりぐち》でも、岩倉高校では驚《おどろ》くほどマニアックな鉄道《てつどう》ファンがいた。車両マニア、鉄道《てつどう》写真マニアだけでなく、駅舎《えきしゃ》マニアや、果ては運転台マニアまで。３６０度を鉄道《てつどう》ファンに囲《かこ》まれた環境《かんきょう》で、堀口《ほりぐち》は自分を偽《いつわ》ることなく学校生活を送ることができた。

中学時代はソフトテニス部にいた堀口《ほりぐち》だが、高校ではある変わった部に興味《きょうみ》があった。それは「鉄道模型部《てつどうもけいぶ》」である。

その名の通り、鉄道模型《てつどうもけい》を自作することを活動の軸《じく》にしている部だ。幼少期《ようしょうき》からプラレールやNゲージで遊んできた堀口《ほりぐち》にとって、鉄道模型《てつどうもけい》は親しみやすいものだった。

鉄道模型部《てつどうもけいぶ》の部室は、岩倉高校の北館にある。１階の柔道場《じゅうどうじょう》、３階の小体育館にはさまれた２階の角部屋《かどべや》で鉄道模型部《てつどうもけいぶ》は活動している。一般《いっぱん》生徒はあまり立ち寄《よ》らない場所のため、その実態《じったい》は在校生《ざいこうせい》であっても謎《なぞ》のヴェールに包まれていた。

「ウチは体育会系《たいいくかいけい》だから」

鉄道模型部《てつどうもけいぶ》の顧問《こもん》を務《つと》める大日方樹《おびなたいつき》先生は、新入部員を前にそう告《つ》げた。

学校のホームページには、鉄道模型部《てつどうもけいぶ》は当然ながら「文化部」として載《の》っている。

大日方《おびなた》先生の言葉は、いかに鉄道模型部《てつどうもけいぶ》が熱を込《こ》めて活動しているかを表していた。部員数は3学年合わせて60人近くもいる。「鉄コン」の愛称《あいしょう》で知られる全国高等学校鉄道模型《てつどうもけい》コンテストでは、最優秀賞《さいゆうしゅうしょう》を受賞《じゅしょう》した実績《じっせき》がある。

岩倉の鉄道模型部《てつどうもけいぶ》は新入部員が正式に入部すると、驚《おどろ》きの恒例《こうれい》行事で迎《むか》える。実際《じっさい》に運行している電車を貸《か》し切って乗車する「貸切列車《かしきりれっしゃ》」というイベントだ。堀口《ほりぐち》たち1年生を歓迎《かんげい》するため、埼玉県を走る秩父鉄道《ちちぶてつどう》の3両編成《へんせい》を貸《か》し切り、熊谷《くまがや》市から秩父《ちちぶ》市まで乗車することになった。

イベント中には、車両基地《きち》やSLの転車台を見学する。鉄道《てつどう》業界に顔が広い大日方《おびなた》先生の人脈《じんみゃく》と、岩倉高校OBがさまざまな鉄道《てつどう》会社で働いているからこそ実現《じつげん》する、ぜいたくな時間だった。

ただし、この日は6月にもかかわらず気温40度に達する猛暑日《もうしょび》。鉄道模型《てつどうもけい》部員は滝《たき》のような汗《あせ》を流しながら、施設《しせつ》を見て回った。暑さよりも鉄道《てつどう》が見られるワクワクが勝っているような部員たちの様子に、堀口《ほりぐち》は面食《めんく》らっていた。

（なんだか、岩倉の鉄道模型部《てつどうもけいぶ》ってすごいところだな……。でも、これこそ自分が

全国高等学校鉄道模型《てつどうもけい》コンテスト
鉄道模型《てつどうもけい》のレイアウトや車両などの製作《せいさく》を競うコンテスト。毎年8月に開催《かいさい》される。

求めていた場所だったような気がする）

堀口《ほりぐち》は風変わりな部にのめり込《こ》んでいった。早くも3年生に交じり、鉄道模型《てつどうもけい》の基本《きほん》を学び取っていった。

鉄道模型《てつどうもけい》はただ美しい車両を作ればいいというものではない。時にはあえて車両のサビを再現《さいげん》することで、作品に味わいが出てくる。そんな「汚《よご》し」という技術《ぎじゅつ》も先輩《せんぱい》から学んだ。

（いつか鉄コンで最優秀賞《さいゆうしゅうしょう》を取りたい！）

堀口《ほりぐち》はそんな熱い思いを抱《いだ》くようになっていた。

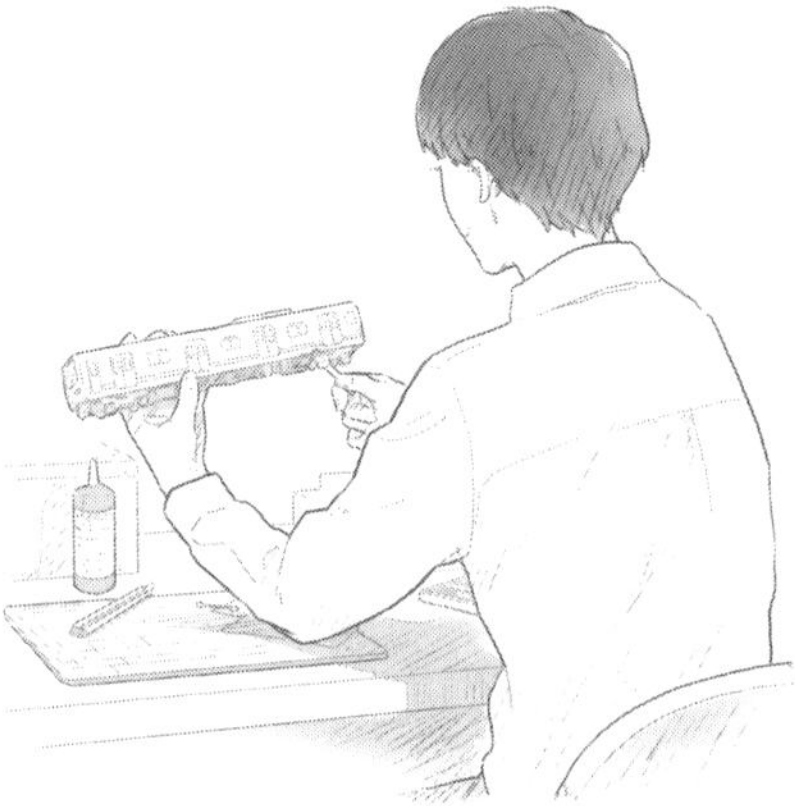

恥《は》ずかしがり屋のままではいられない

岩尾佳樹《いわおよしき》は引っ込《こ》み思案な性格《せいかく》だった。小さいころから人前に立つのが苦手で、人見知りしてしまう。高校入試の面接《めんせつ》では、緊張《きんちょう》から足がガクガクと震《ふる》えていたほどだ。

そんな岩尾《いわお》にとって、鉄道《てつどう》は生きがいだった。大分県に住む父方の祖母《そぼ》の家に行くと、目の前を通るＪＲ九州の電車を飽《あ》きることなく眺《なが》めていた。自然豊《ゆた》かな山あいをぬうように走る色とりどりの電車を見るたび、「カッコいいなぁ」と胸《むね》がときめいた。

父が鉄道模型《てつどうもけい》を集めていたことから、岩尾《いわお》も鉄道模型《てつどうもけい》にのめり込《こ》んでいった。「将来《しょうらい》は好きな鉄道《てつどう》関係の仕事に就《つ》きたい」という思いがふくらみ、岩倉高校の運《うん》輸科《ゆか》に進学している。同じタイミングで入部した堀口《ほりぐち》とは、すぐに仲のいい友人になった。

鉄《てつ》道《どう》模《も》型《けい》部《ぶ》の活動は、鉄コンへの出場だけではない。岩倉高校の場合はさまざまなイベントに呼《よ》ばれることも多い。駅、ショッピングモール、デパート、広場など、人が大勢《おおぜい》集まる場所で作製《さくせい》した鉄《てつ》道《どう》模《も》型《けい》を展示《てんじ》する。

イベントの準備中《じゅんびちゅう》、大日方《おびなた》先生の部員への怒号《どごう》が響《ひび》いた。

「ぞんざいに車両を扱《あつか》うな！　いくらすると思っているんだ！」

鉄《てつ》道《どう》模《も》型《けい》を片手《かたて》で運んでいた部員に対して、厳《きび》しく注意したのだ。展示《てんじ》する模型《もけい》の中には3万円から4万円と高価《こうか》なものもある。模型《もけい》が壊《こわ》れてしまう危機意識《ききいしき》のない部員に対しては、大日方《おびなた》先生は容赦《ようしゃ》しなかった。

鉄《てつ》道《どう》模《も》型《けい》を走らせるためのレールを磨《みが》く綿棒《めんぼう》を忘《わす》れた部員も、大日方《おびなた》先生から問い詰《つ》められた。

「なんで綿棒《めんぼう》がないんだ」

「入れ忘《わす》れました」

「入れ忘《わす》れたじゃないだろ！　忘《わす》れ物《もの》を防《ふせ》ぐためのチェック表だってあるのに、なんでチェックをしてないの？」

たかが綿棒《めんぼう》と思うかもしれない。だが、鉄道模型《てつどうもけい》を走らせるために電流が流れるレールを綿棒《めんぼう》でふかないと、通電不良を起こして走行不能《ふのう》になる恐《おそ》れもあるのだ。

イベント中は部員たちが案内係を務《つと》める。大日方《おびなた》先生の教育もあって、あいさつは欠かせない。岩尾《いわお》のような恥《は》ずかしがり屋の部員も多いが、そんなことは「体育《たいいく》会系《かいけい》文化部」では関係ない。

さまざまな来場者に対応《たいおう》するなかで、神経《しんけい》を遣《つか》うのは無邪気《むじゃき》な子どもが鉄道模型《てつどうもけい》に触《ふ》れ、壊《こわ》してしまうこと。「壊《こわ》されたほうが悪い」というのが大日方《おびなた》先生の考えだ。

(「鉄道模型《てつどうもけい》に触《ふ》れないでください」と案内表示《ひょうじ》を出しておけばいいだろう……)

そう考えて案内表示《ひょうじ》を作った部員に対し、大日方《おびなた》先生がまたもや問いかける。

「こんなに高い場所に案内があって、お子さんが読めるか？　子どもの目線になって考えてみなよ」

大日方《おびなた》先生の言葉を聞いて、岩尾《いわお》はハッとさせられた。

(一部の鉄道《てつどう》ファンは自分の好きな鉄道《てつどう》に対してはのめり込《こ》めるけど、興味《きょうみ》がないことに対しては何も見えていない。だから細かなところに気づけないし、見落としてばかりいるんじゃないか……）

実は大日方《おびなた》先生の厳《きび》しい指導《しどう》は、部員たちにそのことを気づかせるために演《えん》じていた部分が大きい。

大日方《おびなた》先生自身、教員になる前は鉄道《てつどう》会社で働く鉄道《てつどう》マンだった。将来《しょうらい》、鉄道《てつどう》業界で働くであろう後輩《こうはい》たちに、現場《げんば》で働くための心得《こころえ》を伝えていたのだ。

（鉄道《てつどう》業界はある意味狭《せま》い。だからこそふだんからあいさつをしっかりとして、信《しん》頼《らい》関係を結んでおけば、仕事がしやすくなる。模型《もけい》や工具を大切に扱《あつか》うことは、「安全第一」につながる。プロの現場《げんば》では工具は一つひとつ厳重《げんじゅう》に管理されているのだから当然だ。鉄道模型部《てつどうもけいぶ》に入ってくる子の多くは、内に入り込《こ》む子が多い。そんな子たちも人とかかわることで、社交性《しゃこうせい》が身につくはずだ）

大日方《おびなた》先生の狙《ねら》い通り、部員たちも自分たちの変化を実感していた。岩尾《いわお》はイベント来場者と会話しているうちに、新しい自分を発見したような気がした。

（好きな鉄道《てつどう》の話題なら、知らない人とでも会話ができるぞ？）

もちろん、来場者の中には対応《たいおう》が難《むずか》しい人もいる。厳《きび》しいクレームをつけてくる人、自分の知識《ちしき》を延々《えんえん》と話し続ける人、そんな人も丁寧《ていねい》に扱《あつか》わなければならない。

それでも、岩尾《いわお》が音を上げることはなかった。

（どんな人であっても、鉄道《てつどう》に魅力《みりょく》を感じてもらえることが大事だ。鉄道《てつどう》の現場《げんば》だって、駅員の対応《たいおう》がよければクレームをつけた人もファンになってくれる。自分も駅から喜《よろこ》びを作る人間になりたい！）

鉄道模型部《てつどうもけいぶ》での活動を通して、部員たちは知らず知らずのうちに鉄道《てつどう》マンとしての基礎《きそ》を身につけていた。

思いを断《た》ち切れない

「そんなにつらいなら、模型部《もけいぶ》に入ったら？」

岩尾《いわお》はクラスメイトの有延夏音《ありのぶかのん》に声をかけた。有延《ありのぶ》は吹奏楽部《すいそうがくぶ》でクラリネットを吹《ふ》いていたが、毎日、日が落ちるまで厳《きび》しい練習に励《はげ》む吹奏楽部《すいそうがくぶ》の活動に疲《つか》れ切っていた。「自分の時間を持ちたい」と悩《なや》んでいたところ、岩尾《いわお》から転部の誘《さそ》いを受けたのだ。

「模型部《もけいぶ》か……。たしかに運輸科《うんゆか》の子も多いし、鉄道《てつどう》の話ができるのは楽しそうだな」

有延《ありのぶ》は幼少期《ようしょうき》からヴァイオリンを弾《ひ》くなど音楽に親しんだ一方で、鉄道《てつどう》に興味《きょうみ》を持っていた。生まれは母の実家がある宮城県で、その近くを走る陸羽東線《りくうとうせん》の車両が大のお気に入りだった。

(東京で走っている電車と違《ちが》って、陸羽東線《りくうとうせん》の真っすぐで四角いラインが格好《かっこう》いい

陸羽東線《りくうとうせん》
宮城県遠田郡美里町《とおだぐんみさとまち》にある小牛田駅《こごたえき》から山形県新庄市《しんじょうし》の新庄駅《しんじょうえき》までを結ぶ鉄道《てつどう》路線。

んだよな。配色が少なく、シンプルな構造《こうぞう》なのも、またいいんだよ）

岩倉高校の運輸科《うんゆか》に入学後、鉄道模型部《てつどうもけいぶ》に興味《きょうみ》を持っていたが、吹奏楽部《すいそうがくぶ》からの猛烈《もうれつ》な勧誘《かんゆう》に流される形で入部していた。だが、鉄道《てつどう》への思いは断《た》ち切れず、有延《ありのぶ》は転部を決意する。有延《ありのぶ》はすぐさま鉄道模型部《てつどうもけいぶ》になじんでいった。

（吹奏楽部《すいそうがくぶ》は普通科《ふつうか》の子ばかりだったけど、模型部《もけいぶ》は運輸科《うんゆか》の子が9割《わり》だから電車の話で盛《も》り上がれる。休日には行ったことのない場所に友達と遊びに行けるのも楽しいな……）

鉄道模型部《てつどうもけいぶ》では、有延《ありのぶ》は大好きな車両作りに没頭《ぼっとう》した。電車の車両は鉄道《てつどう》会社や年代によって、さまざまな種類がある。有延《ありのぶ》はそんな車両の個性《こせい》を感じ取ることが好きだった。

2年生の夏、新たな車両との出合いがあった。岩倉高校は毎年夏に合宿を行う。この夏は東北地方にある鉄道《てつどう》会社4社を回り、施設《しせつ》を見学する2泊《はく》3日の行程《こうてい》が組まれていた。

青森県の弘南鉄道《こうなんてつどう》を訪《おとず》れた際《さい》、有延《ありのぶ》はある車両に目を留《と》めた。古びた除雪車《じょせつしゃ》であ

弘南鉄道《こうなんてつどう》
青森県弘前市《ひろさきし》を中心に路線がある私営《しえい》の鉄道《てつどう》会社。

る。雪をかき分けるために先端《せんたん》が三角に尖《とが》った黒いラッセル車に、モーターのついた赤い機関車がつながっている。大正時代にできたという、古く味わい深い車両だった。

「この除雪車《じょせつしゃ》を作品にしたいな」

有延《ありのぶ》はそう決めた。翌年《よくねん》の鉄コンに出品するためのモチーフが固まったのだ。

鉄《てつ》道《どう》模《も》型《けい》の甲《こう》子《し》園《えん》「鉄コン」へ！

高校生活最後の年、堀《ほり》口《ぐち》たち岩倉高校鉄《てつ》道《どう》模《も》型《けい》部《ぶ》は鉄コンという大きな終着駅に向けて発車した。

鉄コンは鉄《てつ》道《どう》模《も》型《けい》のレイアウトや車両技《ぎ》術《じゅつ》、製《せい》作《さく》技《ぎ》能《のう》を競う大会である。

昔から鉄《てつ》道《どう》を愛する高校生は多く存《そん》在《ざい》していたが、その活動の成果を評《ひょう》価《か》される舞《ぶ》台《たい》がなかった。そこで2011年に「全国高等学校鉄《てつ》道《どう》模《も》型《けい》コンテスト実行委員会」が結成され、鉄コンが開《かい》催《さい》されるようになったのだ。毎年8月に東京都新宿区の新《しん》宿《じゅく》住《すみ》友《とも》ビル三角広場で開《かい》催《さい》されている。

鉄コンに参加するのは、全国の高校生（中《ちゅう》高《こう》一《いっ》貫《かん》校《こう》を含《ふく》む）や高《こう》専《せん》の生徒たち。

鉄コンの会期中は大人から子どもまで大《おお》勢《ぜい》の鉄《てつ》道《どう》ファンが訪《おとず》れ、作品を鑑《かん》賞《しょう》する。出品する高校生にとっても、ふだんはなかなか会えない全国の「同《どう》志《し》」と交流する貴《き》重《ちょう》な機会になる。2021年からは九州大会も開《かい》催《さい》されるようになった。

レイアウト
鉄《てつ》道《どう》模《も》型《けい》の車両を走らせるための線路をつなげるディスプレイ台のこと。

高《こう》専《せん》
高等専《せん》門《もん》学校の略《りゃく》。高等専《せん》門《もん》学校は、中学校卒業生を受け入れて5年間の一《いっ》貫《かん》教育で、専《せん》門《もん》技《ぎ》術《じゅつ》者《しゃ》を育成する学校。

鉄コンは3つの部門に分かれている。モジュール部門、一畳《いちじょう》レイアウト部門、HO車輌《しゃりょう》部門である。必ずしもすべての部門に参加しなければならないルールはないが、岩倉高校の鉄道模型部《てつどうもけいぶ》は全部門に参加している。そのため、部員たちは3つの班《はん》に分かれて製作《せいさく》に取りかかる。

なかでも花形と言えるのは、150校以上が参加するモジュール部門。まさに鉄道模型《てつどうもけい》の「甲子園《こうしえん》」と位置づけられる部門だ。

モジュール部門とは、定められた規格《きかく》（直線ボードは30㎝×90㎝、曲線ボードは60㎝×60㎝）のボード上で鉄道《てつどう》と風景を表現《ひょうげん》する。岩倉高校は3年生になった堀口《ほりぐち》、岩尾《いわお》を中心としたモジュール班《はん》を編成《へんせい》した。

一畳《いちじょう》レイアウト部門は、その名の通り畳《たたみ》一畳《いちじょう》分のスペースで鉄道《てつどう》の情景《じょうけい》を表現《ひょうげん》する。大きな作品になるため、岩倉高校は約40名の一畳班《いちじょうはん》を編成《へんせい》している。

そしてHO車輌《しゃりょう》部門は、80分の1サイズの車両を作製《さくせい》する。無類の車両好きである有延《ありのぶ》を中心に、弘南鉄道《こうなんてつどう》の除雪車《じょせつしゃ》の模型《もけい》を作製《さくせい》することになった。

岩倉高校は、一畳《いちじょう》レイアウト部門では2年連続で最優秀賞《さいゆうしゅうしょう》を受賞《じゅしょう》していた。だが、

HO車輌《しゃりょう》
レールの幅《はば》が16・5㎜で統一《とういつ》されている鉄道《てつどう》模型《もけい》の車両。Nゲージの車両よりも大きい。

モジュール部門は大日方《おびなた》先生が顧問《こもん》になった2011年に最優秀賞《さいゆうしゅうしょう》を受賞《じゅしょう》して以来、受賞《じゅしょう》から遠ざかっていた。

参加校の数が年々《ねんねん》増《ふ》え、比例《ひれい》して作品のレベルもどんどん高まっている。さらに岩倉高校の場合は、鉄コンの作品製作《せいさく》だけでなく別のイベントに参加するための準《じゅん》備《び》もしなければならない。

モジュール部門で入賞《にゅうしょう》を狙《ねら》うのは、難《むずか》しい挑戦《ちょうせん》になるのは間違《まちが》いなかった。それでも、堀口《ほりぐち》は「最優秀賞《さいゆうしゅうしょう》を狙《ねら》おう」と強い決意を秘《ひ》めていた。

「一緒《いっしょ》にモジュール班《はん》でやらない?」

堀口《ほりぐち》は1学年下の源川頼《みながわらい》に声をかけた。堀口《ほりぐち》と岩尾《いわお》はモジュール班《はん》に誰《だれ》を誘《さそ》うか相談したうえで、源川《みながわ》ら3人の下級生を誘《さそ》うことにした。源川《みながわ》は堀口《ほりぐち》と同じ京成線《けいせいせん》を使って登校しており、その人となりを熟知《じゅくち》していた。

(源川《みながわ》は真面目《まじめ》だし、模型《もけい》作《づく》りに関して自分なりの意見を言ってくれる。今後の模《も》型部《けいぶ》を託《たく》せる人材だから、身近にいてもらったほうがいいだろうな)

源川《みながわ》は堀口《ほりぐち》に対して「部員にいつも的確《てきかく》な指示《しじ》を出せて、すごいなぁ」と尊敬《そんけい》のまなざしで見ていた。そんな堀口《ほりぐち》からモジュール班《はん》にスカウトされ、純粋《じゅんすい》にうれしかった。

源川《みながわ》もまた、幼少期《ようしょうき》から鉄道《てつどう》に親しんだ筋金入《すじがねい》りの鉄道《てつどう》ファンだ。『きかんしゃトーマス』のアニメから鉄道《てつどう》にハマり、家族旅行で鉄道《てつどう》に乗ることが大好きだった。おすすめの路線は長野県と富山県を結ぶ立山黒部《たてやまくろべ》アルペンルート。山を越《こ》えると、車窓《しゃそう》からロープウェイや電車、バスとさまざまな乗り物が目に飛び込《こ》んでくる。そんな景色に心を躍《おど》らせていた。岩倉高校には、中学1年の時点で「入学したい」と心に決めていた。

モジュール班《はん》のメンバーは、作品のモチーフを何にするか話し合った。その中で前年夏の合宿で訪《おとず》れ、鉄道模型部《てつどうもけいぶ》の卒業生が勤務《きんむ》する秋田内陸縦貫鉄道《じゅうかんてつどう》を題材にすることにした。

秋田内陸縦貫鉄道《じゅうかんてつどう》とは、その名の通り秋田県の鷹巣《たかのす》から角館《かくのだて》まで内陸部を北から南へ貫《つらぬ》く路線である。堀口《ほりぐち》、岩尾《いわお》、源川《みながわ》らのモジュール班《はん》は、秋田内陸縦貫鉄《じゅうかんてつ》道《どう》のどの部分を作品に組み込《こ》むかを話し合った。

「せっかくなら河川《かせん》を入れて、水を表現《ひょうげん》してみたいよね」

「秋田内陸線は田んぼアートが有名だから、何らかの形で入れよう」

「平坦《へいたん》な地形だと、おもしろ味がないよな」

「何か目玉になるようなものはないかな……」

鉄道模型《てつどうもけい》と言っても、作るのは車両やレールといった直接的《ちょくせつてき》に鉄道《てつどう》と関係のあるものだけではない。むしろ、建物や自然など背景《はいけい》部分がほとんどだ。当初は「鉄道の模型《もけい》を作りたい」という動機で入部した部員たちも、実際《じっさい》には背景作《はいけいづく》りに手間がかかることを実感するようになる。

その一方で、背景《はいけい》の重要性《じゅうようせい》に気づく部員もいた。岩尾《いわお》はこんな感情《かんじょう》を抱《いだ》いている。

(今までは車両ばかりに目が行っていたけど、車両を走らせるための場所があってこそ車両が生きてくるんだよな……)

そして、モジュール班《はん》はモチーフにするべき一つの絶景《ぜっけい》にたどり着いた。

「大又川橋梁《おおまたがわきょうりょう》を作ろう！」

大又川橋梁《おおまたがわきょうりょう》とは、萱草駅《かやくさえき》と笑内駅《おかしないえき》の間にかかる鉄橋である。一般的《いっぱんてき》なつり橋ではなく、頑強《がんきょう》な鉄骨《てっこつ》が橋の下で支《ささ》えている。車窓《しゃそう》から視界《しかい》をさえぎるものがないため、周囲《しゅうい》の山や川がはっきりと見える、人気のスポットなのだ。

鉄道模型《てつどうもけい》にすれば、真《ま》っ赤《か》な鉄橋が美しい自然と調和する予感がした。また、橋の下には川が流れているため、部員たちの希望である「水」も表現《ひょうげん》できる。

大又川橋梁《おおまたがわきょうりょう》と並《なら》ぶ目玉として、田んぼアートも背景《はいけい》として取り入れることにした。田んぼアートとは、異《こと》なる色の稲《いね》を使って、田んぼに巨大《きょだい》な絵や文字を作り出すこと。実際《じっさい》に秋田内陸縦貫鉄道《じゅうかんてつどう》の沿線《えんせん》には、5か所の田んぼアート作品が展開《てんかい》されている。

モジュール班《はん》はさっそく、設計《せっけい》と製作《せいさく》に取りかかった。

ライバルとなる強豪校《きょうごうこう》の中には、レーザーカッターや3Dプリンターなど最新機器を利用して本格的《ほんかくてき》な模型《もけい》を作る学校もある。だが、岩倉高校はアイデアと鉄道《てつどう》への愛情《あいじょう》でカバーするしかない。

頭を悩《なや》ませたのは、田んぼアートをどうやって表現《ひょうげん》するかだ。今まで、田んぼの稲《いね》を表現《ひょうげん》するために歯ブラシを使う学校もあった。だが、実際《じっさい》にやってみると、歯ブラシでは毛が詰《つ》まりすぎていて色を塗《ぬ》るのが困難《こんなん》だった。部員たちは難題《なんだい》に頭を悩《なや》ませた。

「つまようじに色を塗《ぬ》って、1本1本刺《さ》していくのはどうですか？」

そう提案《ていあん》したのは、2年生の遠藤蒼悟《えんどうそうご》だった。確《たし》かにその方法なら、遠目から見れば田んぼアートのように見えるかもしれない。つまようじを2㎝程度《ていど》に切り、1本1本に着色しては刺《さ》していく。2年生を中心に地道な作業を続けた。

事前にスケジュールを立てて制作《せいさく》しても、次から次へと問題が降《ふ》りかかってくる。予定より大幅《おおはば》に遅《おく》れるモジュール班《はん》の作業に業《ごう》を煮《に》やして、大日方《おびなた》先生から「遅《おそ》いよ！」とカミナリが落ちることもあった。

「かなり遅《おく》れているみたいだけど、大丈夫《だいじょうぶ》？」

モジュール班《はん》を心配した有延《ありのぶ》が作業を手伝いに来た。塗装《とそう》のためのマスキングテープ貼《ば》り、味を出す「汚《よご》し」の手伝いだ。堀口《ほりぐち》は「有延《ありのぶ》だって自分の作業があるのに、ありがとう」と仲間の協力に感謝《かんしゃ》した。吹奏楽部《すいそうがくぶ》から転部した有延《ありのぶ》は、今や鉄《てつ》道模型部《どうもけいぶ》にとってなくてはならない存在《そんざい》になっていた。8月の鉄コンに向けて、モジュール作りは急ピッチで進められていった。

一方、有延《ありのぶ》らHO車輌班《しゃりょうはん》が取りかかる弘南鉄道《こうなんてつどう》の除雪車《じょせつしゃ》作《づく》りも佳境《かきょう》に入っていた。あえて時代を感じさせるために、汚《よご》しの作業を入念にほどこした。だが、有延《ありのぶ》は「まだ何か足りないような気がする」と感じていた。忙《いそが》しい合間をぬって、堀口《ほりぐち》や岩尾《いわお》など部員たちにアドバイスを求めた。

「機関車のドアの凹凸《おうとつ》を増《ふ》やしたほうがいいんじゃないですか?」

そんな細かな提案《ていあん》をしてくれる後輩《こうはい》もいた。神は細部に宿る。実際《じっさい》に有延《ありのぶ》が機関車のドアの凹凸《おうとつ》を入れてみると、実物にぐっと近づいたような気がした。

(うん、これならいける気がする……!)

有延《ありのぶ》は確《たし》かな手応《てごた》えを得《え》ていた。

鉄コンに向けてやる気になっている模型部《もけいぶ》部員。けれども、岩倉高校の鉄道模型《てつどうもけい》部《ぶ》は鉄コン以外にも、やるべきことがたくさんあった。頻繁《ひんぱん》にあるイベントへの参加、もちろん高校生の本分である学業もこなさなければならない。そして3年生にとっては、就職活動《しゅうしょくかつどう》という進路決定の時期も迫《せま》っていた。

鉄道模型部《てつどうもけいぶ》の部員のほとんどは、鉄道《てつどう》関係の仕事に就《つ》くことを目指している。

「鉄コンの作業ばかりしていて、就職活動《しゅうしょくかつどう》の準備《じゅんび》をしなくていいのか……」

そんな不安を抱《かか》えているのは、堀口《ほりぐち》だけではなかった。岩尾《いわお》も有延《ありのぶ》も、思いは一緒《いっしょ》だった。

それでも、放課後になれば彼《かれ》らはいつもの北館の2階に集まった。部室だけでは作業スペースが足りないため、鉄道模型部《てつどうもけいぶ》の部員たちは薄暗《うすぐら》い廊下《ろうか》に作業台を並《なら》べて黙々《もくもく》と手を動かした。

堀口《ほりぐち》は「まずは鉄コンに全力投球して、就職《しゅうしょく》のことはそれから考えよう」と気持ちを切り替《か》えた。

目の前の難題《なんだい》に、真剣《しんけん》に取り組む。それが自分自身の未来を切り拓《ひら》いていくと信じていた。

朝日に照らされた奇跡《きせき》の瞬間《しゅんかん》

鉄コンの作品を納《おさ》める当日の朝まで、モジュール班《はん》の作業は続いた。土台となった素材《そざい》を粘土《ねんど》や塗装《とそう》で隠《かく》す作業をやり切れていなかったからだ。何とか仕上げて、東京都新宿区にある会場の新宿住友《しんじゅくすみとも》ビル三角広場へと急行した。

岩倉高校の鉄道模型部員《てつどうもけいぶいん》は、ボランティアスタッフとして大会の運営《うんえい》にもかかわる。朝9時《じ》ごろに会場設営《せつえい》のため部員たちがやってくると、ちょうど朝日の光が会場に降《ふ》り注いでいた。ちょうど岩倉高校のモジュールに向かって、日が差している。

「おぉ～！」

部員たちはその美しさに感嘆《かんたん》の声をあげた。ふだんは蛍光灯《けいこうとう》の下で見てきた自分たちのモジュールが、自然光に照らされたことで命を吹《ふ》き込《こ》まれたような気がした。

堀口《ほりぐち》はポツリと「本物の町みたいだ」とつぶやいた。

鉄コンは8月2日から3日間にわたって開催《かいさい》された。会場にはさまざまな来場者が訪《おとず》れ、岩倉高校の作品に足を止めてくれた。そして部員たちは来場者の対応《たいおう》をしつつ、他校の作品を見て回った。岩尾《いわお》はそのレベルの高さに目を丸くした。

「やっぱりレベルの高い学校が多いなぁ……。これだけ特徴《とくちょう》を出されたなかで、上位入賞《にゅうしょう》するのは本当に難《むずか》しいよな」

特に好評《こうひょう》を得《え》ていたのは、白梅学園清修中高一貫部《しらうめがくえんせいしゅうちゅうこういっかんぶ》の作品だった。同校は東京都にある中高一貫《ちゅうこういっかん》の女子校である。一畳《いちじょう》レイアウト部門で『となりのトトロ』の世界を表現《ひょうげん》するなど、女子ならではの発想に、岩尾《いわお》は「岩倉にはない部分だな……」と感服した。一方で、堀口《ほりぐち》は他校の生徒と交流を楽しんだ。来場者と鉄道《てつどう》の話題で談笑《だんしょう》していると、「実は岩倉OBなんです」と打ち明けられたこともあった。堀口《ほりぐち》は「人としての幅《はば》が広がっていくな」と実感していた。

鉄コン最終日には、表彰式《ひょうしょうしき》が開かれる。岩倉高校の鉄道模型部員《てつどうもけいぶいん》は期待に胸《むね》をふくらませて、発表を待った。

モジュール部門の最優秀賞《さいゆうしゅうしょう》を受賞《じゅしょう》したのは、白梅学園清修中高一貫部《しらうめがくえんせいしゅうちゅうこういっかんぶ》だった。最優秀賞《さいゆうしゅうしょう》を狙《ねら》っていた堀口《ほりぐち》は悔《くや》しさを覚えたものの、彼女《かのじょ》たちの作品の見事さも知っているだけに納得《なっとく》の結果だった。岩倉高校は理事長特別賞《りじちょうとくべつしょう》を受賞《じゅしょう》した。

肩《かた》を落とす堀口《ほりぐち》と岩尾《いわお》に対して、有延《ありのぶ》が言った。

「僕《ぼく》の中では、岩倉の作品が一番好きだよ」

鉄橋の精巧《せいこう》な作り、田んぼアートの緻密《ちみつ》な表現《ひょうげん》。有延《ありのぶ》はどうしても奮闘《ふんとう》してきた仲間たちをねぎらいたかった。

続く一畳《いちじょう》レイアウト部門でも、またも白梅学園清修中高一貫部《しらうめがくえんせいしゅうちゅうこういっかんぶ》が最優秀賞《さいゆうしゅうしょう》を受賞《じゅしょう》した。岩倉高校は優秀賞《ゆうしゅうしょう》を受賞《じゅしょう》し、3年連続での最優秀賞《さいゆうしゅうしょう》を逃《のが》した。それでも、堀口《ほりぐち》は後輩《こうはい》たちを「2位だって悪くはない。来年は奪還《だっかん》していこう」と励《はげ》ました。

そしてＨＯ車輌《しゃりょう》部門では、岩倉高校は優《すぐ》れた作品に贈《おく》られる「加藤祐治賞《かとうゆうじしょう》」を受賞《じゅしょう》する。発表された瞬間《しゅんかん》、有延《ありのぶ》は「やったぁ！」と飛び跳《は》ね、喜《よろこ》びを爆発《ばくはつ》させた。堀口《ほりぐち》、岩尾《いわお》ら3年生も「おめでとう！」と有延《ありのぶ》を祝福した。

岩倉高校としては、モジュール班《はん》が理事長特別賞《りじちょうとくべつしょう》、一畳《いちじょう》レイアウト班《はん》が優秀賞《ゆうしゅうしょう》、ＨＯ車輌班《しゃりょうはん》が加藤祐治賞《かとうゆうじしょう》という結果だった。最優秀賞《さいゆうしゅうしょう》を狙《ねら》っていた堀口《ほりぐち》にとっては、目標には届《とど》かなかった。それでも、堀口《ほりぐち》には達成感があった。

(賞《しょう》を獲《と》れなかった悔《くや》しさより、鉄コンに参加して得《え》られたもののほうが大きい。他校の子の「こんなアイデアはなかった」という考え方に触《ふ》れられたし、お客様と接《せっ》するなかで鉄道《てつどう》への愛情《あいじょう》がより深まった気がする)

そんな部員たちのたくましい横顔を、大日方《おびなた》先生は笑顔《えがお》で見守っていた。

(賞《しょう》を獲《と》ることがすべてじゃない。失敗だって一つの成果だし、次につなげていけばいい。入学当時は引っ込《こ》み思案でしゃべれなかった子たちが、人前に出てこれほど立派《りっぱ》に話せるようになったのだから、たいしたものだな……)

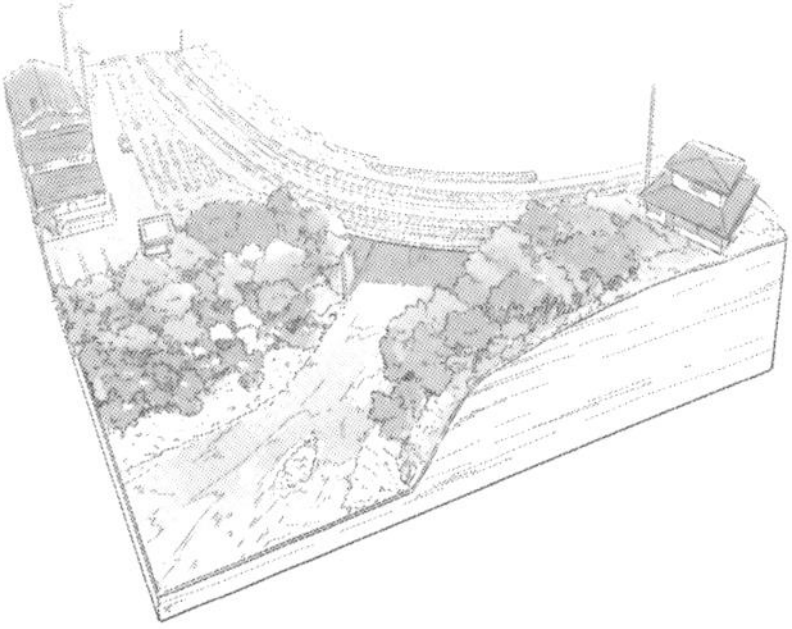

自分たちが鉄道《てつどう》を支《ささ》えていく

夏が終わり、堀口《ほりぐち》のもとに「内定」の吉報《きっぽう》が届《とど》いた。高校卒業後の就職先《しゅうしょくさき》は、幼少期《ようしょうき》から憧《あこが》れ続けてきた京成電鉄《けいせいでんてつ》である。

「本当に京成電鉄《けいせいでんてつ》で働けるんだ……」

堀口《ほりぐち》には実感がなかった。鉄コンが終わった後、堀口《ほりぐち》たち3年生は就職《しゅうしょく》試験に向けて本格的《ほんかくてき》な準備《じゅんび》に入った。大日方《おびなた》先生ら教員に面接《めんせつ》練習を頼《たの》んで回り、自分をアピールするための特訓に励《はげ》んだ。

京成電鉄《けいせいでんてつ》の面接《めんせつ》本番では、鉄道模型部《てつどうもけいぶ》について聞かれることもあった。

「鉄道模型部《てつどうもけいぶ》ってことは、本当に鉄道《てつどう》が好きなんだね」

「ウチの会社にも岩倉高校のOBはたくさんいるんですよ」

「岩倉の生徒なら、この業界のこともちゃんと理解《りかい》しているね」

面接官《めんせつかん》にそう言われ、堀口《ほりぐち》は岩倉高校の鉄道《てつどう》業界内での強さを実感した。ゆくゆくは運転士《うんてんし》となり、スカイライナーを運転したいという夢を持っている。

岩尾《いわお》は駅係員として東京メトロに内定している。人見知りだった過去《かこ》の自分は、もうどこにもいない。鉄道模型部《てつどうもけいぶ》での活動を通して、すっかり人とコミュニケーションを取ることが好きになった。

「鉄道《てつどう》の魅力《みりょく》をお客様に伝えたい」

大きな志《こころざし》を持って、岩尾《いわお》は新たな一歩を踏《ふ》み出すつもりだ。

そして、有延《ありのぶ》はJR東日本に入社し、車両メンテナンスに従事《じゅうじ》する予定だ。勤務《きんむ》地は東北地区。有延《ありのぶ》は「一番行きたかったところに行けた!」と歓喜《かんき》した。つまり、幼少期《ようしょうき》から親しんできた陸羽東線《りくうとうせん》の車両にもかかわれる可能性《かのうせい》があるのだ。

「小さいころから乗ってきた電車を僕《ぼく》がメンテナンスして、今度は下から支《ささ》えられるんだ」

転部から始まった鉄道模型部《てつどうもけいぶ》での日々《ひび》だったが、有延《ありのぶ》は確信《かくしん》していることがある。

「鉄道《てつどう》業界に進むメンバーも多いし、ここで出会った仲間とは何十年経《た》っても関係が続くのだろうな。たとえ離《はな》れて暮《く》らしても、会おうと思えばいつでも会える。その時はまた電車に乗って、みんなで集まればいい」

一方、後輩《こうはい》たちは新たなチャレンジを始めている。源川《みがわ》は大日方《おびなた》先生からの新たなミッションとして、3Dプリンターの活用に試行錯誤《しこうさくご》している。

「部内にも3Dプリンターにくわしい人がいないから未知の世界だけど、新しいことを始めるのはやりがいがあるな……」

そんな源川《みながわ》もまた、高校卒業後は鉄道《てつどう》マンになることを夢見《ゆめみ》ている。


入学時は鉄道《てつどう》のことにしか興味《きょうみ》がなかった鉄道模型部《てつどうもけいぶ》の部員たち。そんな彼《かれ》らも3年間を通してさまざまな人と触《ふ》れ合い、人を信じることを覚えた。今では鉄道《てつどう》を支《ささ》える周囲《しゅうい》の景色に注目し、愛せるようになった。

彼《かれ》らは鉄道《てつどう》マンとして必要なものを、いつの間にか手に入れていた。


（文／菊地高弘）

青春サプリ。—— このまま終わりたくない

STAFF

STORY. 1

「交わって響いた」私たちの青春!

文：
オザワ部長
Ozawa Bucho
神奈川県出身。世界でただ1人の吹奏楽作家。
著書に『吹奏楽部バンザイ!! コロナに負けない』(ポプラ社)等。

STORY. 2

あの時の僕らは

文：
田中夕子
Yuko Tanaka
神奈川県出身。スポーツライター。
著書に『日本男子バレー　勇者たちの軌跡』(文藝春秋)等。

STORY. 3

僕の進むべき道

文：
日比野恭三
Kyozo Hibino
宮崎県出身。スポーツライター。
著書に『待ってろ!　甲子園』(ポプラ社)等。

STORY. 4

最高の結婚式のために

文：
近江屋一朗
Ichiro Omiya
愛知県出身。児童書作家。
主な作品に『怪盗ネコマスク』(集英社みらい文庫)等。

STORY. 5

自分が求めていた場所

文：
菊地高弘
Takahiro Kikuchi
東京都出身。野球を中心に活動するフリーライター、編集者。
著書に『下剋上球児〜三重県立白山高校、甲子園までのミラクル』(カンゼン)等。

絵：くじょう Kujo　広島県出身。イラストレーター。

装丁・本文デザイン：相原篤史

心が元気になる、5つの部活ストーリー

青春サプリ。

―― このまま終わりたくない

2025年1月　第1刷

文：オザワ部長・田中夕子・日比野恭三・近江屋一朗・菊地高弘
絵：くじょう

発行者：加藤裕樹
編集：柾屋洋子・崎山貴弘
発行所：株式会社ポプラ社
〒141-8210 東京都品川区西五反田3-5-8
JR目黒MARCビル12階
ホームページ：www.poplar.co.jp（ポプラ社）
印刷・製本：中央精版印刷株式会社
装丁・本文デザイン：相原篤史

ISBN978-4-591-18438-7
N.D.C.916／175P／19cm
Printed in Japan

P7218013